国家社科基金重点项目"转型升级制度压力下优势制造企业战略反应与政策建议研究"（15AGL003）

制度复杂性下企业转型升级的影响机制与对策研究

涂智苹　著

九州出版社
JIUZHOUPRESS

图书在版编目（CIP）数据

制度复杂性下企业转型升级的影响机制与对策研究 / 涂智苹著. -- 北京 : 九州出版社，2023.8

ISBN 978-7-5225-2067-4

Ⅰ．①制… Ⅱ．①涂… Ⅲ．①企业升级－研究－中国 Ⅳ．①F279.232.5

中国国家版本馆CIP数据核字(2023)第152476号

制度复杂性下企业转型升级的影响机制与对策研究

作　　者	涂智苹　著
责任编辑	云岩涛
出版发行	九州出版社
地　　址	北京市西城区阜外大街甲35号(100037)
发行电话	(010)68992190/3/5/6
网　　址	www.jiuzhoupress.com
印　　刷	定州启航印刷有限公司
开　　本	710毫米×1000毫米　　16开
印　　张	11.75
字　　数	200千字
版　　次	2023年8月第1版
印　　次	2023年8月第1次印刷
书　　号	ISBN 978-7-5225-2067-4
定　　价	68.00元

前　言

随着我国进入"增速换挡、结构优化、动力转换"经济新常态，国际经济复苏缓慢，外部环境的不确定性不断加剧。为此，企业只有通过战略变革，积极适应外部环境变化，才能实现可持续发展。转型升级是中国重大的管理实践问题，是企业提升核心竞争力和实现可持续发展的重要战略变革。然而，企业的转型升级却出现了异质性。目前，针对转型经济背景下企业转型升级的影响因素和作用机制依然缺乏深入分析，制度复杂性所呈现出来的不同逻辑关系对企业转型升级的影响尚未探讨。为解答转型经济背景下企业转型升级异质性的疑问，揭示企业转型升级的内在机理和作用机制，本书对以下四个问题进行了探索：（1）转型经济背景下企业转型升级的驱动因素是什么？（2）企业转型升级的内在作用机理和实现路径是怎样的？（3）是否还存在情境因素影响了企业转型升级？（4）转型经济背景下制度复杂性呈现的多元制度逻辑之间的关系是冲突的，还是兼容的？这些不同的制度逻辑关系对企业转型升级有怎样的影响？

为回答上述四个问题，本书在梳理相关文献的基础上构建了以制度逻辑为自变量、以资源能力为中介变量、以管理者认知为调节变量以及以企业转型升级响应行为为因变量的概念模型并提出了相关研究假设。基于大样本问卷调查数据，本书采用层次回归分析方法对所提研究假设进行了实证检验，主要得到以下四个结论：（1）转型经济背景下制度的复杂性，使企业同时面临市场逻辑和引导性政策逻辑的影响，两种制度逻辑都对企业转型升级起促进作用，且市场逻辑的作用大于引导性政策逻辑的作用。（2）转型经济背景下制度复杂性特征形塑了企业的技术能力和关系能力，进而对企业转型升级形成了支撑。其

1

中，在市场逻辑下，企业只是部分通过技术能力来实现转型升级，而更加依赖商业关系和政治关系来促进转型升级；在引导性政策逻辑下，企业部分通过技术能力、商业关系和政治关系来实现转型升级。可见，在不同制度逻辑下，虽然企业的资源能力都对企业转型升级有促进作用，但不同的资源能力对企业转型升级的作用却有所差异。（3）管理者对企业转型升级所产生的风险和收益的不确定，削弱了制度逻辑与企业转型升级之间的正向关系，即管理者的威胁解释弱化了制度复杂性下企业的转型升级。管理者的威胁解释也弱化了资源能力与企业转型升级之间的正向关系。（4）转型经济背景下，引导性政策逻辑未对市场逻辑产生交互作用，两者不存在兼容互补的关系，因而其对企业转型升级没有产生协调效应。

本书基于上述研究结论，对企业发展提出：要针对制度复杂性适时调整企业转型升级战略，增强企业的资源能力，提高企业管理者尤其是高层管理者对外部环境的敏锐性和前瞻性。政府制定相关行业发展政策则要在尊重市场规律的基础上，从"硬件"和"软件"两方面做实转型升级激励性政策，尽量做到不"缺位"、不"越位"，切实为企业发展做好引导和服务工作。

目　录

第1章 绪 论

本章首先阐明了本书研究的现实背景和理论背景；其次，提出研究的问题，并确定了研究对象和界定了主要概念；再次，阐释了研究的理论意义和实践意义，并介绍了研究内容和研究方法；最后，说明了本书的研究技术路线。

1.1 研究背景

1.1.1 现实背景

1.国际经济形势

随着全球经济进一步发展，中国越来越频繁地参与到国际贸易活动中，中国在国际上的经济地位也发生了巨大变化，成为世界制造大国，但也面临着一些问题。主要表现在以下方面：企业大部分产品和服务在全球价值链中的地位有待进一步提升。经过四十多年改革开放，虽然我国不少企业进行了技术创新，在世界上占有一席之地，但部分世界领先核心技术仍有待提升。虽然改革开放以来，我国通过加工贸易促进了经济增长，企业也获得了较高的利润，当前的贸易结构也发生了变化，如劳动密集型产品出口贸易比例有所下降，资本密集型贸易产品出口贸易有所上升，但总体来说，我国还需要向国际价值链顶端攀升。改革开放给中国经济带来了质的飞跃，这意味着生产要素尤其是劳动力成本也快速提升，在一定程度上增加了企业的生产和管理成本，从而导致企业有转移的倾向，即可能将投资转向生产要素成本较低的新兴经济体国家。新兴经济体国家正好借助此趋势，加快经济战略布局，积极参与全球产业再分工，承接产业和资本转移。因此，为了迎接新的国际挑战，企业转型升级迫在眉睫。

2. 国内经济形势

改革开放四十多年来，中国经济取得了举世瞩目的成就，经济实现了超高速增长，不仅超过了发达国家的经济增长速度，而且快于其他金砖国家的增速。2014年5月，我国针对当时的经济发展状况，首次提出了经济新常态这一概念，其包含三方面的含义，即经济增速由原来的超高速增长转为中高速增长；经济结构不断优化升级；发展动力由原来的要素驱动和投资驱动转为创新驱动。[①] 我国经济进入了以"增速换挡、结构优化、动力转换"为特征的新常态。在经济新常态下，中国企业发展面临着新问题：①生产要素价格上升，比较优势有所削弱。中国企业的快速发展有一部分是来自人口红利。随着我国经济的快速发展，劳动力成本也在上升，这对劳动密集型企业影响较大，其他生产要素如土地、生产资料和物流成本等也增加了企业经营成本，这些因素也会导致企业的比较优势逐渐削弱。②原有的发展模式已不适应经济新常态。根据库兹涅茨曲线可知，经济增长与污染水平之间存在倒"U"型关系。在我国经济发展初期，经济发展伴随的环境污染较低。随着改革开放逐渐深入，经济步入快车道，此时的经济发展伴随着较高的环境污染，进入经济新常态后，环境承载能力已接近或达到极限。据统计，2014年，我国石油、天然气、铁矿石对外依存度分别达59.9%、32.2%和78.5%（沈坤荣、李震，2015）。可见，如果继续用高污染发展模式来换取经济高增长显然行不通。③企业产能过剩，缺乏核心竞争力。我国企业尤其是制造业企业经过多年的经营，其自主创新能力得到很大提升，但一些传统制造业，如钢铁、水泥、电解铝和平板玻璃等出现产能过剩问题。在我国进行供给侧结构性改革的背景下，这些产业亟须进行结构调整和升级。《中国制造2025》提出到2025年我国要迈入制造强国行列，因此，在此经济背景下，作为微观主体的企业亟须通过转型升级来改变现状，从而实现可持续发展。

3. 中国政府的应对措施

经济新常态下，企业面临着国际和国内严峻的经济形势，亟须通过转型升级来提升核心竞争力，实现可持续发展。为此，中国政府对"经济新常态"

---

① 引自习近平同志在2014年APEC峰会上对"新常态"的论述，资料来源于新华网 http://news.xinhuanet.com/politics/2014-11/09/c_1113175964.htm.

给予了高度重视。一方面，从制度上为企业提供公平竞争的市场环境。党的十九大报告明确提出，使市场在资源配置中起决定性作用。另一方面，政府出台相关政策引导产业和企业转型升级。早在 2011 年国务院就发布了《工业转型升级规划（2011—2015 年）》，旨在进一步优化工业结构，促进产业转型升级。随后，政府陆续颁布了《信息化和工业化深度融合专项行动计划（2013—2018 年）》《中央国有资本经营预算重点产业转型升级与发展资金管理办法》和《中国制造 2025》等，为企业提供金融和财政方面的支持，以促进产业转型升级。这一系列支持转型升级的措施显著提升了中国制造业的竞争力。

党的十九大报告明确指出："建设现代化经济体系是跨越关口的迫切要求和我国发展的战略目标。"建设现代化经济体系的关键着力点在于实体经济的振兴，即深化供给侧结构性改革，提高全要素生产率，从而推动经济全面发展。无论是供给侧结构性改革还是全要素生产率的提高，都对企业转型升级提出了更高要求。事实上，政府出台的一系列旨在促进产业转型升级的引导性政策，确实引起了部分企业积极战略响应：通过选择并实施转型升级战略提升了自身的竞争力（程虹、刘三江、罗连发，2016；杨桂菊等，2017），并在一定程度上促进了企业增长方式的转变。例如，2017 年，由《财富》（中文版）发布的"中国最具影响力创新企业排行榜"中，有 40 家优秀企业上榜。尤为亮眼的是，在第一梯队的 8 家企业当中有 5 家企业属于制造业企业，分别是华为、格力、三一重工、海尔集团和中国中车，其中有 3 家企业的主营业务是在 B2B 领域。[①] 值得一提的是，三一重工在国内基础设施建设竞争激烈的情况下，主动从传统行业布局"工业互联网"，与腾讯云合作成立"树根互联"。通过对设备数据挖掘，提高客户业务系统效率等对产品和技术进行创新，不仅提高了企业核心竞争力，而且通过结合大数据和人工智能等实现了商业模式的创新，完成了从产品提供商到服务提供商的转变。但是一个不容忽视的事实是：一些企业对转型升级制度安排并不积极，甚至有的企业开始涉足与其主营业务相距甚远的房地产及类金融业务，这些"去实业化"战略或"逆升级"战略（金碚，2011）与引导性政策出现了一定的背离。到底是什么因素导致企业转型升级行为出现异质性？这些因素又是如何影响企业战略行为的？政府应如何制定相关政策才能引导企业积极进行转型升级？这正是本书要探索和解答的

---

① 中国"创新影响力"企业排名出炉，制造业企业表现抢眼，资料来源为 http://www.sohu.com/a/215153147_534802. 2017[EB/OL].（2018-01-07）.

问题。

1.1.2 理论背景

战略变革作为战略管理的重要内容，受到理论界和实务界的持续关注。随着外部环境的复杂化和动态化加剧，战略变革成为企业生存和发展的重要途径。为了实现可持续发展，企业不断通过战略变革来达到与外部环境相匹配的目标。从现有文献来看，学者从资源和能力、外部环境和管理者特征三方面对企业战略变革的驱动因素进行了研究。

1. 资源和能力对企业战略变革的影响

已有文献以企业资源和能力为前因变量对企业战略变革做了分析。从现有研究来看，学者主要基于资源基础观、资源依赖理论和动态能力理论从支持和约束两方面进行了探索。例如，Carpenter 等（2000）研究认为，企业充分利用已有资源能促进战略变革顺利进行。Yi 等（2015）认为为适应快速变化的外部环境，企业可以通过培育新的资源配置能力来实施战略变革决策。邓少军、焦豪、冯臻（2011）分析发现，拥有动态能力的企业能更好地抓住机会，感知威胁，从而进行战略变革。可见，企业的资源和能力对战略变革有支持作用。然而，资源和能力还可能对企业战略变革产生阻碍作用。有学者研究发现，由于组织惯性可能对组织产生防御功能，企业以往累积的冗余资源降低了组织对外部环境的适应性（Kraatz and Zajac，2001）。这类研究主要基于组织学习和组织惯性理论视角进行了分析。基于组织学习理论和组织惯性理论，现有研究认为当环境发生变化后，组织仍然利用过去积累的资源可能会形成"能力陷阱"（Levitt and March，1988），从而妨碍组织学习并降低其对外部环境的感知和对新资源的探索，尤其是在动荡环境下，企业过去形成的"核心能力"可能变成"核心刚性"（Leonard-Barton，1992）而使企业放弃战略变革行动。因此，企业需要提高资源和能力的柔性和适应性来应对外部环境的快速变化，从而降低企业战略变革风险（贾晓霞、张瑞，2013）。

2. 外部环境对企业战略变革的影响

关于外部环境对企业战略变革的影响，现有文献主要从制度理论和组织生态理论进行了研究。基于制度理论的战略观认为，企业的战略选择会受到制度情境的影响。此时，制度作为一个前因变量而不是背景因素影响着企业的战略变革。一方面，企业面临的外部环境越来越复杂和动荡，给企业的发展带来了机遇，但也带来了挑战。面对此种外部环境，企业需要通过"再创业"之路才能获得可持续发展（芮明杰、任红波、李鑫，2005）。因此，外部环境的变化对企业可持续发展造成了压力，只有通过战略变革才能改变现状。另一方面，战略变革也是一种理性的适应外部环境的过程（Zajac，Kraatz，and Bresser，2000）。在适应外部环境的过程中，企业会受到来自宏观层面的制度约束，如法律法规等的约束，同时会受到被参与者内部化准则的约束。基于组织生态学理论的企业战略变革研究认为，环境会以组织形态与环境特征之间的适应为基础，有差别地挑选存活组织（Hannan and Freeman，1984）。这一理论认为企业战略变革，即组织结构的改变源自外部环境——群落层面的演变以及国家层次的制度要求或者行业规范压力等。

3. 管理者特征对企业战略变革的影响

基于管理者特征视角的战略变革研究认为，管理者特征通过管理者的行为对外部环境做出不同反应。因此，管理者可以通过建立组织与环境之间的匹配来实现组织效益最大化目标。已有文献主要从高层梯队理论和管理者理性分析了其对战略变革的支持和约束两方面的影响。首先，高层梯队理论认为，管理者的认知结构和价值观会影响管理者对其所获相关信息的解释，因此管理者特质会通过管理者的行为影响企业的战略选择（Hambrick and Mason，1984）。管理者的特质会受到不同外部环境的影响，进而影响管理者将现有资源运用到外部环境的方式。因此，高层梯队理论强调，管理者对组织或外部环境的认知决定了其对企业战略变革的影响，而企业高层管理者的认知也可能在一定程度上对企业战略变革有约束作用。其次，从管理者理性对战略变革研究来看，现有文献认为战略变革是基于公司既定目标进行的一种连续的、有计划的寻找解决问题最优方案的过程（Ansoff，1965；Mintzberg，1978），最终目标是提高企业绩效水平。该理论同样强调管理者需要建立组织与外部环境相匹配的状态来实现最优绩效，从而为企业战略变革的成果提供保障。此外，管理者特征按照行为主体差异和关系进一步细分为董事会特征、高管特征等对企业战略变革的影响。其中，董事会特征主要包括董事会规模、任期、年龄和性别等人口统计学特征（Golden and Zajac，2001；Triana，Miller，and Trzebiatowski，2014）对企业战略变革的支持与阻碍作用；高管特征则有首席执行官（CEO）性格特征（Herrmann and Nadkarni，2014）、高管薪酬（Carpenter，2000）等对企业战略变革的促进和约束影响。

现有文献从企业的资源和能力、外部环境和管理者特征三个方面对企业战略变革驱动因素进行了探索，并取得了丰富的研究成果，为解释企业战略变革提供了一系列有重要价值的学术洞见，但仍存在以下四方面的研究缺口。

（1）现有研究对转型经济背景下制度的复杂性解读不够深入。虽然学者已经关注制度对企业战略变革的影响（Park and Luo，2001；Zhang，Tan，and Tan，2016），但大多数研究仅将制度视为统一的整体，甚至以偏概全地将制度的不同构面视为制度的整体，而就制度多元性对组织的影响（Lounsbury，2007）未能进行有效洞察。转型经济背景下，中国企业面临着制度的复杂性和多样性，需要对不同制度压力来源做出响应。因此，本书探讨转型经济背景下的企业战略变革有可能产生新的见解。

（2）现有文献对企业战略变革的影响因素进行了研究，但对企业战略变革的中间机制研究还不足。学者对企业战略变革的驱动因素进行了大量研究，主要包括外部环境、企业资源能力和管理者特征等。其中，对外部环境的研究主要从制度理论出发进行了探析。制度理论认为企业只有符合制度要求才能获得合法性，从而生存下来（Meyer and Rowan，1977）。然而现实是，面对制度压力有不少企业采取了抵制策略。可见，企业在面临相同制度压力下，其战略行为出现了异质性，而现有研究对此并未做深入研究。因此，本书引入资源基础观对企业行为异质性进行深入探讨，有可能打开制度与企业战略变革行为之间的"黑箱"，揭示企业战略行为异质性的内在作用机理。

（3）现有文献对管理者的主观能动性和作用边界未给予必要的重视。现有研究主要从管理者特征，即董事会特征和高管特征等方面静态分析了这些因素对企业战略变革的影响，仅有少数研究关注到企业管理者的主观能动性对企业战略变革的影响（Gersick，1994），大部分研究仍陷入战略变革已被高度"制度化"的认识误区而忽视了企业管理层主观能动性的作用，仅简单地假定企业已经理解、认同正式制度的要求，进而再假定企业具有高度顺应正式制度内容的自觉，而对经济效率机制作用下企业针对制度压力存在着回避、抵制、反抗等主观能动性反应行为（Oliver，1991）的客观事实未予以重视，忽视了管理者认知可能是制度与企业战略变革之间的情境因素。因此，本书分析管理者认知考察制度对企业战略变革影响的情境因素，这对研究制度复杂性下企业行为异质性问题能够提供一个合理的解释。

（4）现有文献大多从单一理论视角对企业战略变革驱动因素进行了研究，

因而不能全面厘清企业战略变革的作用机制。现有研究主要从制度基础观、资源基础观与管理者特征和动机等理论视角分别对企业战略变革的影响进行了分析，并取得了丰富的研究成果。虽然单一理论视角有其独特的观点，但将所有影响因素进行简单罗列会忽视各个影响因素之间可能存在着相互作用。因此，本书将整合制度逻辑理论、资源基础观和管理者认知建立一个多理论视角分析框架，为企业战略变革研究提供一个更全面的分析视角。

1.2　研究问题的提出

转型升级作为企业的重大战略变革行为，已成为中国管理和实践中的热点问题。当前，中国经济发展步入"增速换挡、结构优化、动力转换"为特征的新常态，企业的可持续发展受到挑战，亟须通过战略变革来改变当前的经营困境。因此，转型升级迫在眉睫。然而，我们却看到企业的转型升级行为出现了异质性，即有的企业积极进行转型升级，而有的企业却并未进行转型升级，这背后的原因和动机是什么？转型经济背景下企业实现转型升级的中间路径是什么，是否存在其他情境因素影响了企业转型升级？对于这些问题，现有研究并未给出一个合理的解释。因此，本书基于中国转型经济背景，从制度逻辑理论视角出发，整合资源基础观和管理者认知对中国企业的转型升级问题进行深入探讨，以厘清企业转型升级行为异质性的原因。为此，本书提出以下四个研究问题。

第一，转型经济背景下，企业转型升级的驱动因素是什么？转型经济所呈现出来的制度复杂性和多样性特征，使企业面临着不同制度压力源。中国从计划经济转入市场经济的过程中，虽然市场在资源配置中发挥的作用越来越重要，但是政府作为资源配置的另一种手段依然存在。因此，在这种特殊情境下，企业主要面临两大制度逻辑，即市场逻辑和政府逻辑，这两种不同逻辑都对企业转型升级提出了要求，企业需要针对这两种不同的逻辑做出响应。现有研究大都将制度作为一个整体对企业转型升级进行了考察，忽视了不同制度逻辑对企业行为的影响，因而不能清楚地刻画企业转型升级的动因。因此，本书考虑市场逻辑和政府逻辑对企业转型升级的影响，是对中国转型经济背景下企业战略变革行为研究的有益探索，这对厘清市场和政府两种资源配置手段的重要性具有理论和实践参考价值。

第二，转型经济背景下，企业实现转型升级的路径和作用机理是怎样的？

对企业转型升级的已有研究大都聚焦在"外部环境—行为"或者"资源能力—行为"简单的二元关系。转型经济背景下，是否所有的企业在市场压力和政府要求下都能实现转型升级？事实上，企业在进行转型升级时，往往会受到其资源能力的约束。因此，需要考察转型经济背景下企业的资源能力对转型升级的中间作用机理。换言之，制度对企业转型升级的影响并不是直接的，而是需要通过企业的资源能力来支撑，最终实现可持续发展。而转型经济背景下企业需要具备怎样的资源能力才能实现转型升级，这正是本书需要探讨和分析的第二个问题。

第三，转型经济背景下，企业转型升级是否会受到其他情境因素的影响？制度的复杂性为企业培育了不同的资源能力，从而实现转型升级。然而，在同一制度环境以及拥有相同资源能力的企业，仍然对转型升级采取了不同的战略选择。由此认为是否还存在其他因素对企业转型升级产生了影响？即制度与企业转型升级之间是否还存在着情境因素调节了两者之间的关系？已有研究表明企业管理者认知对企业战略选择有着重要影响。因此，基于制度复杂性特征，本书进一步考察管理者认知对制度逻辑与企业转型升级之间的调节作用。

第四，转型经济背景下所呈现的多重制度逻辑关系对企业转型升级有怎样的影响？转型经济背景下，由于制度的复杂性，社会中存在着多种逻辑且是共存的，如市场逻辑和政府逻辑。本书第一个研究问题回答的是不同逻辑对企业转型升级的影响，进一步地，我们不禁要问，共存的不同逻辑之间是否有兼容互补的关系呢？这种关系会对企业转型升级产生协同效应吗？现有研究大都分析了某一主导逻辑或者不同逻辑对企业行为的影响，而对不同逻辑之间的关系对企业行为的影响未做实证分析。因此，对本问题的探索有助于厘清转型经济背景下市场和政府两种资源配置手段是如何共同作用于企业转型升级的。

1.3　研究意义

1.3.1　理论意义

中国经济步入新常态后企业面临的外部环境愈加动荡，制度的复杂性给企业的经营提出了更多挑战。企业只有通过战略变革才能提升核心竞争力，实现可持续发展目标。因此，本书基于制度逻辑理论进行分析，对揭示企业资源能力和管理者认知对企业转型升级的交互作用，打开转型经济背景下企业转型升级的"黑箱"具有重要的理论意义。

1. 基于转型经济背景分析企业战略变革的驱动因素，有助于深化制度逻辑理论的研究

一直以来，中国企业的转型升级成为学术界和实务界的关注焦点。转型经济背景下，尤其当前中国经济已经步入新常态，企业的可持续发展受到挑战。因此，企业面临的外部环境更加不确定，需要通过战略变革来提升核心竞争力，实现可持续发展。与现有研究从外部整体制度环境（Raymond et al.，2015；魏龙、王磊，2017）、企业资源能力（Copus，Ray，and Aulakh，2008；Vives，2008）和管理者特征（Crossland et al.，2014）对企业战略变革进行分析不同的是，本书从转型经济背景下制度复杂性特征出发，运用制度逻辑理论考察企业转型升级问题，这有助于拓展制度逻辑理论的情境研究。同时，转型经济背景下企业转型升级受到来自市场和政府两种制度逻辑的不同要求，企业必须对这两种逻辑做出回应进而采取战略行动。为此，本书将在分析不同制度逻辑对企业转型升级影响的基础上，进一步探索这两种制度逻辑关系对企业转型升级的影响，这有助于深化制度逻辑关于交互制度系统的研究。因此，本书基于中国转型经济背景对企业战略变革进行研究，不仅深化了制度逻辑理论的研究，而且回应了"应加强中国情境下的制度理论研究"的呼吁（Thornton，Ocasio，and Lounsbury，2012）。

2. 通过探讨制度逻辑与企业战略变革之间的中间路径，能更加完整地刻画转型经济背景下促进企业战略变革的作用机理

企业要实现可持续发展，必须具备与外部环境相匹配的能力才能达到目标（Yi et al.，2015）。现有文献运用"S—C—P"研究范式分析认为，制度的复杂性和不确定性会使企业进行转型升级从而提高绩效水平，却未对制度环境下企业如何才能实现转型升级做深入分析。因此，现有研究不能解释企业转型升级行为异质性现象。为此，本书从资源基础观视角，基于转型经济背景深入考察企业的资源能力，以及这些资源能力对企业转型升级的影响。通过探索资源能力的前因和后果来厘清转型经济背景下企业转型升级行为异质性的原因，以此打开制度逻辑和企业转型升级之间的"黑箱"。

3.通过建立多理论整合分析框架，有可能为揭示转型经济背景下企业战略变革动因和作用机制提供新的理论视角

企业战略变革会受到不同因素的影响。现有研究主要从外部环境、资源能力与管理者特征和动机等方面对企业战略变革的驱动因素分别进行了分析。这些因素是否都是企业战略变革的关键因素，现有研究结论仍处于争论中。因此，现有单一理论视角的研究忽视了各驱动因素之间可能存在相互影响从而导致企业行为的异质性，因而不能清楚地刻画企业战略变革的真正动因，也不能揭示企业战略变革的中间机制。此外，制度与企业战略变革之间存在的权变因素也可能造成企业转型升级行为的异质性。因此，制度复杂性对企业转型升级的影响还可能存在作用边界。鉴于此，本书基于转型经济背景下制度复杂性特征，建立一个以制度逻辑为前因变量、资源能力为中介变量、管理者认知为调节变量和转型升级为因变量的整合研究框架，有可能为企业转型升级的影响因素和作用机制提供新的理论视角，也回应了对企业战略行为研究需要整合不同理论视角来进行探索的呼吁（Hitt et al.，2007）。

1.3.2　现实意义

随着我国经济新常态的确立，企业面临着生产要素价格上升，市场竞争愈加激烈，国际经济形势更加多变的外部环境，这无疑给企业的经营管理带来了新的机遇和挑战。为了维持现有市场份额和实现可持续发展，企业必须摆脱原有的路径依赖，通过战略变革建立新的发展模式来重新获得竞争优势。因此，本书基于转型经济背景对企业转型升级进行的研究不仅对企业如何应对外部环境挑战提供了参考，而且对政府制定相关政策实现中国经济可持续发展具有重要的现实意义。一方面，本书将为企业在制度复杂性情境下如何实现转型升级提供决策参考。随着市场环境的不确定性的加剧，来自市场的巨大压力使得企业必须通过战略变革来实现可持续发展。党的十九大报告指出："在中高端消费、创新引领、绿色低碳、共享经济现代供应链、人力资本服务等领域培育新增长点、形成新动能。"据此，政府可能会在这些领域出台更多引导性政策，以引导这些行业的健康快速发展。因此，转型经济背景下，企业应在市场逻辑的基础上认真分析政府逻辑对其战略行为的影响，并做出相应的战略选择，而不可将两者割裂对待。同时，在制度复杂性情境下，企业应积极培育相关资源能力来应对转型升级，这些与制度环境相匹配的资源能力对企业成功转型升级具有重要意义。此外，本书认为企业管理者

的认知对企业的战略选择有着非常重要的作用。企业管理者尤其是高层管理者对外部环境的判断和解释会影响企业的战略决策，进而影响企业的可持续发展。因此，企业还应与时俱进，创造一个良好的企业文化氛围，选出贤能之才治理企业。另一方面，本书可以为政府相关部门制定促进转型升级的相关政策提供参考。随着中国经济进入新常态，经济增长、就业和社会稳定都面临新的挑战。作为微观经济活动主体，企业的转型升级是实现中国经济可持续发展的关键。因此，本书对转型经济背景下两种不同制度逻辑对企业转型升级的直接影响以及对两者关系中间机制进行探讨，总结出有针对性和可操作性较强的转型升级政策和建议，可以引导企业积极进行转型升级，还可为政府如何充分发挥企业管理者的主观能动性提供参考。本书认为企业管理者的认知对企业转型升级发挥着非常重要的作用。因此，政府可以制定和实施优秀人才激励政策，鼓励企业管理者发挥企业家精神，积极响应转型升级号召，进而促进产业结构调整，最终实现经济的可持续发展。总之，政府可以在相关政策可操作性方面下功夫，为企业的新发展创造一个健康有序的市场竞争环境，尽量做到不"缺位"、不"越位"，切实为企业发展做好服务工作。

1.4　研究对象及主要概念的界定

本书的研究对象是制度逻辑视角下的企业转型升级响应行为。因此，下面本书对研究涉及的几个重要概念进行界定。

1.4.1　制度逻辑

早期"制度逻辑"概念被用来描述现代西方社会制度固有的矛盾实践和信念，最早由 Alford 和 Friedland（1985）引入社会学研究。之后，Friedland 和 Alford（1991）率先将制度逻辑应用于组织行为研究。经过二十多年来多个领域的学者对不同层面，如场域层面、组织层面和个人层面的持续研究，近期针对制度逻辑研究的文献计量分析表明制度逻辑已成为组织行为研究中的热点词汇（涂智苹、宋铁波，2016；杨书燕、吴小节、汪秀琼，2017）。已有研究在概念内涵上逐步形成了共识：制度逻辑作为指导场域行为者的基本规制，涉及在组织场域中占优势的信念系统和相关的实践活动（Scott，1995）。制度逻辑也被定义为"能够形塑行为主体认知和行为的物质实践、假设、价值、信念和规则的社会构建和历史模式"（Thornton and Ocasio，1999）。简言之，制度逻辑就是关于如何解释组织现实，什么构成了合适的行为以及如何获取成功含蓄的假定和价值标准的集合（Thornton，Ocasio，and Lounsbury，2012）。由此可见，制度逻辑在一定程度上决定了社会系统的"游戏规则"以及人们看待世界的认知假设（Dunn and Jones，2010），从而引导主体做出合乎逻辑的决策以及行为，强化其在组织甚至社会中的身份认同（Thornton，2002）。

1.4.2 响应行为

响应，在《中国百科大辞典》中解释为回应，表示对某种号召或者倡议应和或者赞同，而企业响应行为通常与外部环境有关（Suchman，1995；Oliver，1991）。换言之，外部环境的变化会使企业采取不同的响应策略。因此，企业响应是企业预测和感知外部环境变动进而采取连续战略行动的过程（曾萍、宋铁波，2013），尤其在动态环境下，制度逻辑的多中心性使得企业必须对不同制度逻辑主体的要求做出响应，以便让企业既获得效率性又获得合法性。因此，在本书中企业响应行为是指企业预测和感知制度环境的复杂性进而采取的转型升级战略行为。

1.4.3 战略变革

外部环境与组织行为是战略管理领域长期关注的问题。随着外部环境越来越动荡和复杂化，企业的生存和发展受到诸多挑战。为了应对外部环境的变化，企业必须做出战略变革，以实现可持续发展目标。因此，战略变革作为应对外部环境复杂化的重要手段，成为理论界和实务界共同关注的热点话题之一。现有文献主要从战略内容和战略决策程序两个维度对战略变革进行了定义。其中，战略内容维度主要从公司层、经营层和职能层三个层次进行了诠释（Ginsberg，1988）。例如，从公司层面来看，Ansoff（1965）认为战略变革是公司特定产品或市场领域的重新组合以及它们之间资源的重新分配；Sanders和Carpenter（1998）的研究则把战略变革视为公司产品在地域分布上的多元化水平随着年度而变化的程度。战略变革不仅包括公司层面战略的变化，也包括经营层面战略的变化（Ginsberg，1988）。Rumelt（1974）认为，企业战略变革是在特定产品或市场领域内的竞争性决策的改变，如从成本领先战略转变为差异化战略被界定为企业战略变革。职能层面的企业战略变革主要是针对公司层面和经营层面的战略变革决策，由公司职能部门做出的相应的职能性战略变革。Hoskisson 和 Hitt（1988）将企业研发投入强度的变化视为一种职能层面的战略变革。此外，战略变革还包括战略决策程序维度。战略决策程序维度主要从正式管理系统、结构的变化和组织文化的转变对战略变革进行了补充。例如：Snow 和 Hambrick（1980）认为，战略变革离不开有效追求新战略所需的技术、结构以及过程的变化。结合上述观点以及中国企业转型升级的情况，本书将战略变革定义为企业针对对自身长远发展具有重大影响的组织特性，如战略、结构、流程、文化等进行的持续改进和更新，目的是有效应对复杂环境变化要求，实现企业的可持续发展。因此在本书中，转型升级是中国转型经济背景下的一种企业战略变革行为。

1.4.4　转型升级

企业转型升级问题一直是国内外研究的热点。在国外文献中，企业转型和升级是两个不同的概念，学者更多地从升级角度进行定义，以升级的目的而言，将其视为企业通过取得技术能力或市场能力改善自身的竞争能力，使自身进入获利更高的资本密集型或者技术密集型经济领域的过程（Poon，2004）；以升级的路径而言，将其视为企业从低附加值产品的生产转向高附加值产品生产的过程，同时伴随企业在产业链或产品价值链上位置的提升（Gereffi，1999）。国内学者对转型升级概念划分各异，主要有转型升级、转型和升级三种划分。其中，升级概念与国外并无太大差异。转型主要指企业跨行业领域进行转型，如生产经营转向不同行业或者企业跨出原有核心技术领域进入新的领域，主要指企业在不同行业或不同领域的转变（吴家曦、李华燊，2009）。转型升级则指企业为了持续提高竞争能力以及产品、服务附加价值，寻找新的经营方向而不断变革的过程（毛蕴诗、张伟涛、魏姝羽，2015）。此外，还有研究将转型升级与战略更新的观点进行了有机结合。结合现有研究对转型升级的定义，本书认为转型升级是一种具体战略变革行为，是企业在外部环境复杂多变的情况下为了保持持续竞争优势，不断提高产品和服务的附加值，改进和更新现有组织结构、管理模式、商业模式以及进入新行业或新领域的战略变革过程。

虽然中国企业转型升级的概念界定与西方战略管理学所强调的企业战略变革有相通之处，但两者所处的外部环境却存在诸多差异。西方学者认为的战略变革发生在政府管制放松，顾客需求变化多端以及技术变革快速等情境下。而中国转型经济背景下的中国企业不仅需要面对西方企业所面临的情况，还需要面对来自制度复杂多变、宏观层面经济因素和政策约束等多重挑战。因此，对中国企业转型升级的研究，需要在借鉴西方企业战略变革理论的基础上充分考虑中国企业所面临外部环境的独特性，努力构建中国本土化的管理理论。本书对此目标进行了有益尝试。

1.5 研究内容与研究方法

1.5.1 研究内容

根据研究问题，本书通过对相关理论文献的系统梳理与回顾，基于中国转型经济背景，构建了制度逻辑、企业资源能力、管理者认知与企业转型升级四个变量之间的概念模型，主要围绕四个方面的基本关系展开研究：①不同制度逻辑对企业转型升级的影响；②企业资源能力在制度逻辑和企业转型升级之间起中介作用；③管理者认知对制度逻辑和资源能力与企业转型升级之间关系的调节作用；④制度逻辑间的兼容关系对企业转型升级的影响。本书主要运用问卷调查数据，对所构建的模型和假设进行严谨、规范的实证分析，并根据相关理论和实证研究结论，为企业的管理实践和政府政策的制定提出相应的对策建议。

1.5.2 研究方法

本书通过构建制度逻辑、资源基础观和管理者认知综合分析模型对企业转型升级响应行为进行研究，并通过实证分析法对研究假设进行了检验。为此，本书主要采用了以下研究方法。

（1）文献研究方法。文献研究主要针对现有相关理论和最新研究进展进行分析，从而找到本书的切入点。本书运用 Web of Science 核心数据库、EBSCO、Springer 和中国知网数据库进行文献检索，运用知识图谱定量分析和定性分析对所检索的文献进行了研究。通过梳理现有文献，总结归纳了相关理论研究现状，为本书概念模型的建立提供了理论基础。

（2）实证研究方法。本书主要运用了知识图谱和定性分析、因子分析、层次回归分析等混合研究方法。混合的研究方法拥有三角验证与互为补充的优势，它能够对所研究的问题进行更稳健的分析，使研究者产生更深刻的认识

（Teddlie and Tashakkori，2009）。具体如下。

第一，知识图谱和定性分析相混合的方法。在第 2 章文献综述部分，本书采用了知识图谱和定性分析相混合的方法对制度理论和制度逻辑理论研究文献进行了全面系统的梳理。在文献回顾的基础上，构建了以制度逻辑为自变量，以资源能力为中介，以管理者认知为调节和企业转型升级为因变量的概念模型。

第二，因子分析法。本书采用问卷调查法来收集实证研究所需要的样本数据。为了对研究变量所使用量表的效度和信度进行检验，本书采用了因子分析法对制度逻辑、资源能力、管理者认知和企业转型升级变量进行了分析。

第三，层次回归分析法。本书采用层次线性回归模型来实证检验制度逻辑对企业转型升级的影响、资源能力对制度逻辑和企业转型升级之间关系的中介效应、管理者认知对制度逻辑和企业转型升级之间关系的调节效应以及管理者认知对资源能力和企业转型升级之间关系的调节效应。

1.6 技术路线

根据所要研究的内容，本书设计了研究技术路线图（图 1-1）。本书以企业转型升级为研究对象，运用制度逻辑理论剖析企业转型升级背后的原因，并进一步分析企业资源能力、管理者认知对制度逻辑与企业转型升级之间关系的中介作用和调节作用。首先，在分析企业转型升级现实背景和回顾相关理论与研究文献的基础上提出了本书的研究问题。其次，在确定研究问题后，根据相关文献进一步提出了本书的概念模型和研究假设。再次，进行问卷设计，预调研后对相关的题项内容进行修正，进而形成最终正式调查问卷。然后，进行大规模的问卷调查并收集样本数据，对样本数据进行实证分析和研究假设检验。最后，对实证研究结果进行讨论并对未来研究进行展望。

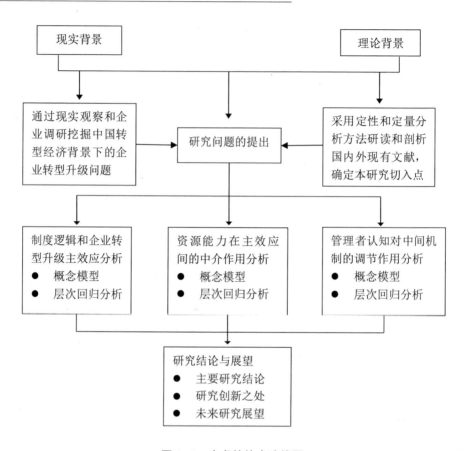

图 1-1 本书的技术路线图

第 2 章　文献综述

本章主要对本书的理论框架和国内外相关研究文献进行梳理和回顾，进而总结现有研究存在的理论缺口，从而确定本书的理论视角，找到本书预期研究的切入点。本章内容主要由四部分组成：①对转型升级进行全面系统的文献回顾；②对管理者认知的定义、维度、前因和后果相关研究进行述评；③对制度理论以及制度与组织响应行为进行综述；④对国内外制度逻辑理论研究进行述评。

2.1　转型升级的研究综述

近十多年来，转型升级一直是中国调整经济结构、促进发展的主题，这一热门词语频繁出现在官方媒体当中，成为当今中国管理领域的重大实践问题，也是新兴经济体最重要的企业行为，尤其随着科学技术的发展以及全球经济发展步入调整期，越来越多的企业面临着外部环境变化带来的巨大压力，企业为保持竞争优势需要通过转型升级来改变现有发展状况。因此，现有研究主要从转型升级定义、转型升级的影响因素和转型升级的类型与路径三个方面进行了研究。下面就这三个方面进行文献回顾。

2.1.1　转型升级的内涵

从国外现有文献研究来看，学者并未使用转型升级这一术语，而是将转型和升级分开进行界定和研究。因此，本书分别对转型和升级的含义进行了梳理。

1. 转 型

"转型"一词最早被运用在工程领域而不是经济管理领域。例如，在电力系统的电压变换中就使用了"转型"一词。直到 20 世纪 80 年代，转型才被应用于经济管理领域，并引入组织行为研究，英文表示是"organization transformation"。这表明早期研究的是组织转型问题，即组织转型被定义为组织在形式、结构和性质上进行彻底和全面的变革（Lary and Merry，1986）。有学者从核心流程、意识和创新能力、组织内部结构等方面界定了组织转型（Blumenthal and Haspeslagh，1994），认为组织在面临危机时做出的自我变革就是转型（Jonathan，2000），它使组织能利用外部环境变化来创造发展机会和提高能力。此外，还有学者从产业转型的中观层次对转型进行了界定，认为企业处于盈利行业对企业的发展非常重要（Porter，1991）。换言之，如果原有行业对企业的发展空间产生限制时，企业就必须做出转型的决策。可见，国外学者对转型的界定并不一致，但均认为企业转型是一种经营策略的改变与变革过程。国内学者对企业转型也进行了研究，大致可以分为两个方面：一是企业跨行业或者跨领域转型，如企业的生产经营转入不同行业或者跨出原有核心技术领域进入新领域（吴家曦、李华燊，2009），或者由于企业竞争优势下降和行业的衰退，企业必须进行产业转型，寻求新的发展优势（王吉发、冯晋、李汉铃，2006）；二是组织层面的转型，主要指企业为适应外部环境的变化或为降低企业管理成本提高内部运作效率，在企业组织结构、管理模式或公司治理结构等方面的优化转型（孔伟杰，2012）。

2. 升 级

从学者对企业升级的概念研究来看，国内外学者基本一致。学者主要从全球价值链和企业层面对企业升级的概念做了界定。例如，Porter（1990）从产业集群和价值链的角度对企业升级进行了定义，认为企业升级是企业通过提高产品质量、生产效率或者进入技术含量更高的行业从而获得更高收益的过程。Gereffi（1999）也从全球价值链的角度对企业升级进行了界定，其认为企业升级是企业向更具获利能力的资本和技术密集型领域发展的过程。从企业层面来说，有学者认为升级是指企业通过获得技术能力和市场能力，以提高其竞争能力以及从事高附加值产品的生产活动（Humphrey and Schmitz，2000）。Poon（2004）指出企业升级就是制造商成功地从劳动密集型低价值产品生产者向更高价值的资本或技术密集型产品生产者进行经济角色转变的过程。

国内有部分学者将企业转型升级作为一个整体性的概念进行了界定，其认为企业转型升级是企业为了提高持续竞争能力以及产品、服务附加价值，寻找新的经营方向而不断变革的过程，是产业转型升级的微观层面和最终落脚点（毛蕴诗、张伟涛、魏姝羽，2015）。

2.1.2 转型升级的影响因素

企业转型升级的影响因素是多方面的。现有文献主要基于权变理论和资源基础观从企业外部环境和内部资源能力两个方面对转型升级的影响因素进行了分析。具体而言，资源基础观认为，企业规模（孔伟杰，2012）、技术创新（Copus，Skuras，and Tsegenidi，2008）和资本积累（Forbes，2002）等能促进企业转型升级。例如，Haveman（1992）指出环境的突变对组织的影响取决于新的活动与现有能力的相关程度，关系越密切，则组织的绩效和生存机会就越好。Bhatt（2000）则强调了组织架构、组织再构以及重组企业资源能力在加速企业转型中的重要作用。权变理论认为，行业类别（安同良、施浩，2006）、出口贸易的技术标准化要求（孔伟杰、苏为华，2009）、外商直接投资（苏杭、郑磊、牟逸飞，2017）、技术创新环境（Raymond et al.，2015）和制度质量（李福柱、刘华清，2018）等外部因素构成了企业转型升级的外部动力。随着外部环境尤其是制度环境的变化，有不少国家通过私有化来支持经济的发展，这也成为企业转型升级的一个重要因素。Park 和 Luo（2001）对中国 128 家企业的调查结果表明制度、战略以及组织因素是决定公司竞争力的主要因素。Gans 和 Stern（2003）则认为政府大力营造良好技术创新环境有利于企业快速实现升级。Robertson 和 Paul（2003）研究指出发展中国家中小企业的技术发展能力往往受制于各种环境因素。此外，还有学者认为价值链治理模式和企业所处的行业对企业转型升级有影响，企业可以通过产业集群内的学习、创新以及外部要素的吸引力来促进转型升级。

2.1.3 转型升级的类型和路径

从现有文献来看，学者对企业转型升级的类型和路径进行了大量研究。首先，关于企业转型升级的类型，国内外学者都进行了分析。如 Bibeault（1982）将企业转型分为五种类型，分别是以管理流程为主的转型、以产品突破性发展为主的转型、以竞争环境为主的转型、以经济或商业循环为主的转型和以政府政策为主的转型。Adrian（1996）将企业转型分为转型不转行、多类别转型、多方向转型、脱胎换骨转型、从系统整合到专业分工转型、从传统销售到平价流通转型以及从传统销售到高附加值转型七种形态。李烨、李传昭（2004）总结了20世纪80年代以来西方企业转型的四种主流模式：重组式转型、再造式转型、革新式转型和再生式转型。王吉发、冯晋、李汉铃（2006）结合企业外生成长理论和内生成长理论，提出了企业内生型转型（管理模式转型、产品与市场转型、业务过程转型）和企业外生型转型（行业转型）。周枝田（2010）通过探讨企业升级的动因、路径和成果等因素，分析了珠三角台资企业中制鞋企业的转型路径，将珠三角台资鞋业企业分为制造型、研发型、行销型和混合型四种类型。Humphrey 和 Schmitz（2002）从微观的角度进一步明确了企业升级的四种类型：过程升级、产品升级、功能升级和跨产业升级。

其次，现有文献对企业转型升级路径进行了大量研究。国外学者主要从重组的视角、联盟集群的视角和信息技术使用的视角分析了企业转型的路径。例如：Umit（2007）从综合视角提出企业应从价值流、战略、组织、人、过程、系统和资源、领导力和绩效评价八个部分来实现转型。此外，学者依据竞争力理论、动态能力理论和全球价值链理论对企业升级路径进行了分析，但目前大多数学者运用全球价值链理论（GVC）来研究企业升级路径（王建秀、林汉川、王玉燕，2013）。例如，Gereffi（1999）通过总结东亚服装企业在全球价值链中的生产模式，指出企业经历了从委托组装（OEA）、委托加工（OEM）、自主设计和加工（ODM）到自主品牌生产（OBM）的链条转换升级过程。朱海静、陈圻、蒋汨波（2006）认为，OEM 企业升级有三种途径：一是走技术路线，即从 OEM 到 ODM，甚至设计制造服务一体化（DMS）和设备制造服务一体化（EMS）等高级形态；二是走品牌路线，即从 OEM 与 ODM 相结合转到 OBM，或直接从 OEM 转到 OBM；三是基于技术关联性的 OEM 多元化，进入更具增值潜力的行业。然而，企业是否应该通过全球价值链来实现升级，国内外学者持有不同的观点。Humphrey 和 Schmitz（2004）在对巴西鞋业集群进行研究后发现，发展中国家的企业在全球价值链中的升级并不顺利，虽然他们加入了全球价值链，并能成功实现"产品升级"以及"过程升级"，但是"功能升级"以及"跨部门升级"却难以发生。Lizbeth（2011）使用全球价值链方法，通过对巴西家具业和制鞋业两个集群研究发现，发展中国家企业的升级经常被限制在低附加值的生产活动中。杨桂菊等（2017）研究表明，对于代工企业，尤其是资金、技术和人才不足的代工企业而言，从代工生产到代工设计再到自主品牌的升级路径并非是连续且必要的升级路径，切实有效的升级模式是在客户需求的拉动下，代工生产企业通过持续不断地创新产品和服务问题解决方案、创新产品研发设计和服务流程、自主设计以及发展多元业务等，最终实现转型升级。自主品牌企业也可以向着更高的国家或国际标准发展，以提高产品质量，增强国际竞争力，实现升级（毛蕴诗，2010）。

已有研究对企业转型升级定义、转型升级影响因素和转型升级类型与路径进行了大量研究，尤其以企业转型升级路径研究居多（毛蕴诗、张伟涛、魏姝羽，2015），即研究企业如何实现转型升级。对于转型升级的动因研究，学者主要基于资源基础观和权变理论对企业内部因素和外部因素进行了分析，内部因素主要强调企业的技术创新能力对企业转型升级的影响，外部因素则涉及比较广泛，包括技术创新环境（Vives，2008）、外商直接投资（魏龙、王磊，2017）和制度质量（李福柱、刘华清，2018）等方面。从现有研究来看，虽然学者研究企业转型升级时考虑了制度环境的影响，但大多仅从制度环境的一个方面或者将制度环境视为一个整体进行分析，而针对转型经济背景下制度环境的复杂性和动荡性对企业转型升级的影响未给予充分重视。因此，后续研究应考虑制度复杂性对企业转型升级的影响。

2.2　管理者认知研究综述

2.2.1　管理者认知的概念

认知在管理研究中的定义非常广泛。从本质上说，认知涉及个人感知、筛选和概念化信息的方式（Weick，1995），据此形成决策与行动的基础（Hambrick and Mason，1984）。关于管理者认知的概念，目前主要有两类，一类是将管理者认知看作一种知识结构或认知表征，其含义是作为管理者决策基础的信念和心智模式，目的是协助管理者获取、保留和处理特定的信息（王永健，2014）。管理者的认知结构具有稳定性和情景依赖性（尚航标，2010），因此是一种可重复的行为模式，主要反映管理者认知的静态特征（Narayanan，Zane，and Kemmerer，2011）。另一类是将管理者认知看作一种认知过程。此时的认知是一个动词，主要指管理者获取、保留和处理信息的过程。管理者被认为是信息加工者，通过管理者对信息的搜集和解释来决定组织响应行为。因此，认知过程表现为"扫描—解释—行动"这样三个步骤，是一个信息加工的动态过程。

2.2.2 管理者认知的维度划分

从上文对管理者认知的界定可知，管理者认知包含认知结构和认知过程两个不同的方面。根据管理者认知概念，学者对管理者认知维度进行了划分。首先，从认知结构来看，学者最常用的划分方式是知识结构的集中性和复杂性（Nadkarni and Narayanan，2007），主要用来描述管理者的知识结构的整体特征。其中，知识结构的集中性是指管理者的知识结构是否是围绕几个"核心概念"构建的（Eden，1992；尚航标，2010）；知识结构的复杂性则指管理者知识结构的差别性和一体性（Walsh，1995），差别性体现的是不同概念之间的多元化特征，一体性表现的是概念之间联系的紧密程度。我们据此可以认为，知识结构越集中则表明管理者的知识面越狭窄，而知识结构越复杂则表明管理者的知识面不仅宽广，而且能将不同知识进行融合。

其次，从认知过程来看，一般将管理者认知划分为关注焦点和因果逻辑两类。其中，关注焦点属于认知过程的扫描环节，因果逻辑则属于解释环节，或被称为"意义建构"。需要特别指出的是，对注意力的理解，学者有两种不同的观点：一种是侧重内容，其认为注意力是在与决策相关的众多刺激因素中占据决策者意识的那个刺激因素（Fiske and Taylor，1991）；另一种是侧重过程，指的是注意力配置，包括对刺激因素的关注、编码、解释和聚焦（Sproull，1984）。现有研究大都根据第一种观点采用文本分析方法对注意力焦点进行测量（Tuggle and Sirmon，2010；吴建祖、赵迎，2012）。因果逻辑则指的是企业战略决策者感知到的概念与概念之间的因果关系（Nadkarni and Barr，2008）。一般而言，因果逻辑是制定决策的主要基础，其会影响战略决策的制定、理解和传播方式。

2.2.3 管理者认知的影响因素

关于管理者认知的影响因素，现有文献主要从外部环境和企业内部因素进行了研究。首先，外部环境因素对管理者认知起着重要作用。Barr，Stimpert 和 Huff（1992）认为，管理者认知与外部环境相匹配才能有利于组织发展，否则组织变革将延迟或者无效。例如，Bacon-Gerasymenko 和 Eggers（2019）研究发现，外部环境的动态性会影响管理者的注意力配置，如在破坏性创新背景下，企业高管因对客户需求判断失误而失去企业的领导权（Vecchiato，2017）。文化背景

的不同也会导致管理者认知不同。Liu 和 Almor（2016）研究发现，受西方文化
影响的企业家倾向于将国家不确定性视为一个焦点变化事件，而受东方文化熏
陶的企业家则倾向于考虑环境因素对企业的影响。除外部环境对企业管理者认
知有影响外，企业内部因素也对管理者认知产生了不同的影响。Kammerlander
和 Ganter（2015）研究发现，非经济因素，如权利、控制、个人关系和家族声
誉会影响家族企业 CEO 对不连续技术变革的关注。此外，企业可持续性发展要
求也会使管理者认知更具复杂性（Gröschl，Gabaldón，and Hahn，2019），而企
业绩效则会影响高管团队知识结构的变化（Buyl，Boone，and Wade，2015）。
综上，管理者认知会受到来自不同层次因素的影响，既包括宏观层面的也包括
微观层面的。因而企业要想获得可持续发展优势，关键在于管理者要适应环境
变化，进而提升自身的管理能力。

2.2.4　管理者认知视角下的组织战略行为研究

学者对管理者认知对组织战略行为的影响进行了大量研究，涉及企业绩
效、创新创业、战略选择、投资决策以及可持续发展等方面。Kim，Kim 和
Foss（2016）研究发现管理者注意力的不断转换对企业创新绩效有积极影响，
CEO 对战略要素相似企业群体的关注提高了企业的绩效水平（Surroca et al.,
2016）。Li 等（2013）研究结果表明高管团队的注意力会影响新产品的推出，
而管理者的搜索广度与过程创新结果存在负相关关系，搜索深度与过程创新
结果存在正相关关系（Terjesen and Patel，2017）。同时，CEO 知识结构会
激励和促成创业的成功（Baum and Bird，2010）。此外，管理者对企业战略
决策和战略行为起着非常重要的作用，其决策直接影响着企业的可持续发展。
Blettner 等（2015）通过对组织前后目标差异研究发现，随着母公司年龄的增
长，管理者在其职业生涯早期往往更关注他们自己的抱负，但是当公司处于
破产的边缘时，管理者增加了对竞争对手业绩的关注。Muratova（2015）研
究发现拥有省外经验的 CEO 是中国民营企业跨省并购的驱动因素，而管理者
对外部商业机会的感知以及对当前绩效的评估会使企业的商业模式发生改变
（Osiyevskyy and Dewald，2015）。Iederan 等（2013）从管理者机会解释角度
分析了企业的战略导向，即管理者的机会解释在一定程度上缓和了机会解释对
中小企业战略导向的影响，从而增加了机会解释与前瞻性的战略取向之间的正
相关，以及机会解释与防御者的战略取向之间的负相关关系。此外，还有学者
对企业慈善捐赠行为进行了分析，其认为管理者的关注焦点对企业慈善捐赠行

为发挥了重要的作用（Muller and Whiteman，2016）。

2.2.5　小结

综上所述，学者从概念、维度划分、影响因素和效应角度对管理者认知进行了研究，并获得了丰富的研究成果，如表2-1所示。然而，还有许多问题值得深入研究。如现有研究大多对管理者知识结构进行分析，或者将管理者认知作为前因变量对组织行为进行了研究。转型经济背景下制度的复杂性和不确定性，对企业管理者的管理能力提出了挑战，因此，在一个动态环境中用基于静态分析的管理者的认知结构来分析企业行为显然不贴合情境。管理者认知属于管理者的动态管理能力，因而更适合用于制度复杂性下组织行为的分析。此外，现有研究大多仅关注了管理者认知的前因和后果，而对管理者认知可能是一种权变因素未给予考察。因此，对制度复杂性对企业转型升级的影响研究，还可以考虑管理者认知是否是两者关系的权变因素，从而丰富管理者认知相关研究。

表2-1　管理者认知实证研究一览表

作　者	分　类	前　因	后　果	主要结论
Kim，Kim 和 Foss（2016）	管理者注意力	—	企业创新绩效	通过转换组织的注意力，反复交替地实践开放和封闭的入站创新，从而促进相关的交流，促进吸收能力的平衡，并实现创新绩效
Terjesen 和 Patel（2017）	管理者搜索策略	—	过程创新	管理者的搜索广度与过程创新结果存在负相关关系，搜索深度与过程创新结果存在正相关关系
Li 等（2013）	高管团队注意力	—	产品创新	管理者搜索地点的选择和搜索强度是独立的，并共同影响新产品推出
Kammerlander 和 Ganter（2015）	家族企业 CEO 的关注焦点	非经济因素，如权利、控制、个人关系和家族声誉	创新和战略行动	CEO 家庭权力和控制目标要求导致一系列不受约束的反应，最终在新领域中实现高度创新。随着时间的推移，家族 CEO 可能会根据他们的目标重新评估这一新兴趋势，并相应地调整公司的行动

续　表

作　者	分　类	前　因	后　果	主要结论
Surroca 等（2016）	CEO 的关注焦点	—	企业绩效水平	CEO 对战略要素相似的企业的关注会提高企业绩效水平
Blettner 等（2015）	高层管理者注意力的配置	—	组织搜索和战略决策	随着母公司年龄的增长，管理者在其职业生涯早期往往更关注他们自己的抱负，但是当公司处于破产的边缘时，管理者增加了对竞争对手业绩的关注
Bacon-Gerasymenko 和 Eggers（2019）	管理者注意力的配置	动态环境、能力约束	风投对新旧业务提供的投资建议	面对动态环境和能力约束的风投对来自风险投资的刺激会做出强烈反应，但风投会根据风险投资经验的价值调整投资决策
Gröschl, Gabaldón 和 Hahn（2019）	CEO 认知复杂性	企业可持续性	战略行动	随着 CEO 形成一种更复杂的心态，他对可持续性形成了更具包容性的理解，并采取了比以往更积极主动的措施
Heavey 和 Simsek（2017）	高管团队认知结构	—	交互记忆系统对决策能力的影响	高层管理团队内部不同的组织经验和功能专长决定并完善了交互记忆系统，并让其能够追求一种双向战略选择
Vecchiato（2017）	高层管理者解释	破坏性创新背景	市场领导地位	高层管理者因对客户需求判断失误而失去市场领导地位
Muratova（2015）	CEO 知识结构	—	跨省并购行为	拥有省外经验的 CEO 是中国民营企业跨省并购的驱动因素
Braguinsky 和 Hounshell（2016）	高管特征	—	企业增长	企业高管的个人能力和组织能力提高了企业生产率，并使整个行业得到快速增长
Julian, Ofori-Dankwa 和 Justis（2008）	管理者认知能力	—	战略反应	管理者的认知能力会影响组织对来自利益相关者的压力的反应
Baum 和 Bird（2010）	CEO 知识结构	—	创业行为	成功的智力包括实用的、分析的和创造性的智力，它与创业自我效能感一起激励和促成成功的创业行为

作 者	分 类	前 因	后 果	主要结论
Liu 和 Almor（2016）	管理者解释	文化影响	—	具有不同文化背景的管理者对外部环境不确定的解释有所不同，受西方文化影响的企业家倾向于将国家不确定性视为一个焦点变化事件，而受东方文化熏陶的企业家则更倾向于考虑环境因素
Chen，Li 和 Liu（2015）	CEO 过度自信	—	组织反应	过度自信的 CEO 对改善管理预测准确性的纠正反馈反应较弱
Osiyevskyy 和 Dewald（2015）	管理者认知	商业机会的感知、绩效和经验评估	战略决策	企业商业模式转变的战略决策受到管理者对商业机会感知、外部环境、当前绩效和先前经验评估的影响
Buyl，Boone 和 Wade（2015）	高管团队的知识结构	企业绩效差	高管团队的流动	非 CEO 的离职和流入是由组织绩效驱动的，当现任高层管理团队（TMT）具有较高的探索性注意水平时，非 CEO 高管流入的概率更高；当开发性注意水平较高时，非 CEO 高管流入的概率更低
Lin 和 McDonough（2014）	管理者认知风格	—	战略部门的学习影响；创新双重性	独立的认知风格对内 SBU（战略业务单元）学习有积极的影响，而反思的认知方式对跨 SBU 的学习有积极的影响，这两种风格的结合，通过促进内 SBU 学习和跨 SBU 学习，间接地促进了创新的双重性
Iederan 等（2013）	管理者解释	制度变迁	战略决策	管理者的机会解释在一定程度上缓和了机会解释对中小企业战略导向的影响，从而增加了机会解释与前瞻性的战略取向之间的正相关，以及机会解释与防御者的战略取向之间的负相关关系

续　表

作　者	分　类	前　因	后　果	主要结论
Musteen，Liang 和 Barker（2011）	高层领导的解释	个人的战略控制轨迹、能力背景和成熟程度	组织衰落和裁员措施	高层领导者认为公司衰退严重，从而会建议大规模裁员以应对公司衰退
Iederan 等（2013）	高管知识结构	制度变迁	组织战略行为	认知图式在制度变迁发生前的丰富度低于制度变迁发生后的丰富度；将制度变迁定位为受到威胁的企业家采取了同构的行动
Muller 和 Whiteman（2016）	管理者关注焦点	—	企业的慈善捐赠	管理者的关注焦点对企业慈善捐赠行为发挥了重要的作用

2.3　制度理论研究述评

针对组织研究领域的制度理论，学者早期的考察重点放在了技术和市场环境方面，而对制度环境未给予重视。自 Meyer 和 Rowan（1977）以及 Zucker（1987）两篇开创性的论文引致新制度主义兴起开始，人们认为制度环境对组织具有"神话般"的形塑功能作用，在寻求对组织形式与行为同质性的解释过程中发现（DiMaggio and Powell，1983），制度已被结构化为禁锢组织自主行为的牢笼（Heugens and Lander，2009）。之后，制度理论得到蓬勃发展，进而形成了两个理论流派，一个是以诺斯为代表的经济学流派（North，1990），主要研究不同制度选择的效率性；另一个是以斯科特为代表的组织社会学流派（Scott，1995），主要研究制度合法性问题和制度本身。这两个流派衍生出了一系列组织管理的研究课题。为了梳理制度理论发展脉络，分析制度与组织行为之间的关系，本书运用计量分析方法和内容分析法进行归纳总结。

2.3.1　制度理论文献检索与分析方法

首先，本书运用文献计量方法对制度理论发展情况进行统计分析。科学计量分析利用数学统计原理和计算机分析手段，研究包含在文献中的关键词、参考文献、作者以及作者所属国别和机构等信息（陈悦，2008），以此分析文献特征、学科理论基础和发展趋势。研究者广泛运用关键词词频和共现分析，以及多元统计分析等手段分析学科的知识结构。这些定量分析方法能有效地降低了以往文献回顾中出现的主观性认识和知识盲区产生的影响。做好文献综述的前提和基础是选择正确的数据来源。Web of Science 是 ISI 数据库中的引文索引数据库，其包括三大引文数据库（SCI，SSCI 和 A&HCI）、两个化学信息数据库（CCR 和 IC）以及三个会议录数据库（SCIE，CPCI-S 和 CPCI-SSH）。这些数据库包含了 8000 多种世界范围内最有影响力并经过同行专家评审的高质量期刊。因此，本书利用 Web of Science 数据库进行数据收集。其次，本书运用内容分析方法对制度理论与组织战略响应行为之间的关系做了深入分析和梳理，目的是弥补计量分析带来的不足。

2.3.2　制度理论研究现状分析

为了了解制度理论研究现状，本书采用计量分析方法对搜集的样本文献进行分析。具体方法如下：首先，进入 Web of Science 在线数据库，利用主题词搜寻方法，以制度理论（在数据库中输入主题词 "institution" OR "institutional legitimacy" OR "institution theory" OR " institution-based view"）为搜索主题，时间段设为 1996—2018，然后选择 Web of Science 数据库中类别为 "management" 和 "business" 的研究领域，最后共获取文献 9885 篇。为了提高研究质量，本书选择文献类型为 "article"，语言为 "English"，过滤掉 "review" "book review" "note" 等类型的非英语文献，并根据论文题目和摘要进一步对检索结果进行筛选，最终得到与研究主题相关的文献 6101 篇。本书采用 CiteSpace 可视化（Chen，2006）软件，对输入的 6101 条文献数据进行可视化分析，包括关键词共现分析、热点文献引用分析、高被引文献分析，从而对制度理论的发展状况进行了一次全面、整体的概括和总结。

1.发文数量趋势分析

从发文数量来看，有关制度理论文献的发文数量总体呈上升趋势，经历了五个发展阶段。第一阶段是 1996—2000 年，该阶段发展缓慢，每年平均发表论文 24 篇；第二阶段是 2001 年—2005 年，每年平均发表论文 45 篇，比第一阶段增加了 21 篇；第三阶段是 2006—2011 年，该阶段发展迅猛，每年平均发表论文 310 篇，比第二阶段增加了 265 篇；第四阶段是 2012—2015 年，每年平均发表论文 456 篇，发文数有了量的突破；第五阶段是 2016—2018 年，每年平均发表论文 692 篇，论文发表数量又有了新的突破。可见，近年来，制度理论得到了快速的发展。学者在组织管理研究中，开始重视制度理论的发展和运用，用制度理论解读日益复杂的外部环境所引起的组织行为的多样性问题。另外，从增量来看，2006 年的论文发表数量有一个明显突破，当年新发论文达到 171 篇，比 2005 年增加 128 篇，之后发文增量呈现出有升有降的交叉发展趋势。直到 2016 年，发文数量才基本稳定，2016 年至 2018 年分别发表论文 699 篇、685 篇和 691 篇。

2.制度理论研究中的前沿热点问题

论文中的高频关键词反映了研究热点，受到了研究者的广泛关注。本书利用 CiteSpace 软件对关键词共现进行了分析，如图 2-1 所示。由图 2-1 可知，制度（institution）和绩效（performance）两个关键词出现的频率最高。进一步地，由这些关键词的出现频次可知制度理论研究中的热点，如知识与创新（innovation，knowledge，technology，research and development，model）、创业与战略（entrepreneurship，strategies）、公司战略（corporate governance，strategy，governance，management）以及新兴经济体的增长（emerging economies，China，growth，ownership，culture）等。

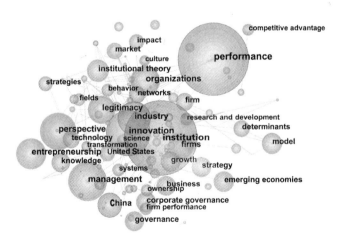

图 2-1　制度理论研究领域关键词共现知识图谱

3.制度理论在组织管理研究中的发展

（1）热点文献引用分析。对热点文献的分析能发现研究进展中的前沿和重要理论基础。在本书样本分析报告中，排在前10位的文章被引用频次均超过300次。前3篇文章被引用频次均超过900次。排在第一的是 Almeida 和 Kogut 于1999年发表在 *Management Science* 上的 "Localization of knowledge and the mobility of engineers in regional networks"，主要探讨了区域网络中知识本地化与工程师流动性的问题，文章指出制度和地区劳动力市场的不同，导致知识本地化溢出不同。排在第二的是 Peng，Wang 和 Jiang 于2008年发表在 *Journal of International Business Studies* 上 的 "An institution-based view of international business strategy: a focus on emerging economies"，该文从作为进入障碍的反倾销、印度的竞争性问题、中国公司的增长问题以及新兴经济体的公司治理问题四个方面探讨了制度理论作为战略"第三根支柱"的作用，厘清了国际商务中遇到的最基本的问题，如"在国际商务中是什么决定了公司的战略和绩效"。排在第三位的是 Barley 和 Tolbert 于1997年发表在 *Organization Studies* 上的 "Institutionalization and structuration: studying the links between action and institution"，这篇论文研究了制度理论和结构理论之间的相似性，提出了两种理论融合能使制度理论发展得更好的事实，并建立了结构化的制度演化模型。其他热点文献研究的内容还包括知识与区域创新（Asheim and Coenen，2005）、新兴经济体制度、资源和进入战略（Meyer，Estrin，and Bhaumik，2009；Meyer and Peng，2005）以及制度创业问题（Battilana et al.，2015）。

（2）高被引文献分析。从文献科学计量分析来看，引文在很大程度上代表了研究热点，反映了某一研究领域的发展状况和理论基础。通过对收集文献的引用分析，能揭示制度理论在组织管理研究中的发展现状和趋势。根据科学计量分析，引用率最高的文献是 Peng，Wang 和 Jiang 于2008年在 *Journal of International Business Studies* 上发表的 "An institution-based view of international business strategy: a focus on emerging economies" 一文，共被引用了145次。排在第二位的是 Meyer，Estrin 和 Bhaumik 于2009年发表在 *Strategic Management Journal* 上的 "Institutions, resources, and entry strategies in emerging economies" 一文，共被引用了92次，该文运用制度基础观，并结合资源基础观分析了新兴经济体外商进入战略问题，研究表明，在制度较弱的市场，合资方式通常能更好地获取资源，相反，在制度较强的市场，合资方式获取资源的能力减弱，而并购方式能在无形资产和组织嵌入等资源方面发挥更重要的作用。排在第三位的是 Greenwood 和 Suddaby 于 2006 年发表在 *Academy of Management Journal* 上的 "Institutional entrepreneurship in mature fields: the big five accounting firms"，共被引用了 86 次，该文研究了在成熟组织领域中关于组织中人如何在其所处环境中应对变化的代理悖论问题，并结合网络定位理论和辩证理论识别了四种动态精英组织创业过程模型。对前 3 篇被引用率最高的文章进行分析可以发现，制度理论在组织管理中的运用越来越频繁，并且将制度作为前因变量来考量其影响，摆脱了将制度作为已知背景条件的传统分析模式。排在前 10 的后 7 篇介绍如下。Peng（2009）提出了制度基础观作为战略管理 "第三根支柱" 的观点；Peng，Buck 和 Filatotchev（2003）研究发现俄罗斯私有化公司的代理问题中只有引入制度理论才能更好地解释代理人与公司绩效间正向关系的假设。Lounsbury（2007）认为在组织领域中，竞争逻辑使制度同构、制度分离以及技术力量向多形式发展。Kostova，Roth 和 Dacin（2008）在整合新旧制度理论的基础上重新考察了跨国公司的管理问题。Campbell（2007）从制度理论的角度分析了企业社会责任问题，其认为制度在企业经济绩效和企业行为之间起了调节作用。

2.3.3　制度理论视角下的组织战略行为研究

随着新制度主义学派的兴起，越来越多的学者开始研究制度环境与组织战略响应行为之间的关系，即企业面对制度环境压力有何反应，这种反应背后的深层次原因又是什么。为了梳理制度压力与企业战略响应行为之间的关系，本书主要采用 Scott（1995）对制度的分类，将现有文献中涉及的制度压力进行归类，发现可将其分为规制压力、规范压力、认知压力、规制和规范压力以及规制、规范和认知压力 5 种类型。下面本书就这 5 种压力类型和企业战略响应行为之间的关系进行归纳梳理。

1. 规制压力下的企业战略行为

规制压力是企业面对的来自政府的法律、法规、政策等的压力。学者对企业面临的来自政府的压力，如加强农业蓄水工程、商业服务反离岸、环境保护信息披露和网络信息控制等规制压力进行了研究，得出了不同企业有不同战略反应的结论。研究表明，有些企业在面对政府的农业蓄水政策压力时采取了抵制策略（Tingey-Holyoak，2014），另外一些企业为了获得合法性，针对来自政府的规制压力，采取了模仿策略而获得了生存（Khan and Lactiy，2014），或者利用企业内部战略柔性和外部制度支持来提高其合法性（Yang et al.，2015）。在规制压力下，企业 CEO 的教育背景和技术资格也会影响企业的战略反应，即具有工商管理硕士学位（MBA）教育背景的 CEO 倾向于顺从政府要求披露碳排放环境信息的要求，而具有律师资格的 CEO 则倾向于采取回避策略（Lewis，Walls，and Dowell，2014）。此外，企业性质不同也会影响企业的战略反应。

2.规范压力下的企业战略行为

规范压力指企业面对的来自组织惯例、操作流程、专业机构的规范和认证、行业协会以及环保等的压力。该类研究主要集中在企业社会责任、学习能力、利益相关者和行业规范等方面。在企业社会责任方面，学者以不同所有制、不同行业的企业为研究对象，采用实证分析和案例分析方法探讨了企业在面对社会责任制度压力时表现出来的抵制反应（Pedersen and Gwozdz，2014；Aharonson and Bort，2015），或通过主动参与 EPA 环保节能灯项目以获得合法性，从而减少制度监督的战略行为（Moon and De leon，2007）。面对外部环境不确定的情况，企业自身学习能力对应对制度压力起到了至关重要的作用。研究表明，企业探索式学习能力更适合用来缓解来自政府和行业的压力，从而提高企业绩效，而开发式学习能力则会削弱企业绩效（Chen，Li，and Liu，2015）。同时，企业的动态学习能力对保持企业的灵活性也是至关重要的（Nijssen and Paauwe，2012）。另外，企业处于动荡的技术变革环境中，在面对利益相关者压力时，表现出了从被动模仿到主动抵制跟风的战略反应（Benner and Ranganathan，2013；Wolf，Beck，and Pahlke，2012），且由于企业管理层认知和注意力分配的不同，针对不同压力来源其采取了"优先"处理方式来解决问题（Cummings，Ottley，and Brewster，2011；Sullivan，2010）。此外，企业在面对利益相关者压力时，也可能采取"替代回应"（制定新的公司治理标准）来转移利益相关者的注意力，即采取从不服从原有标准到与替代标准保持一致的策略，即脱耦行为。在面对行业规范方面的压力时，企业也表现出了不同的反应。Jamali（2010）和 Oliver（1991）研究发现，跨国公司在应对国际会计准则行业压力时，同时出现了顺从和抵制两种反应，但其反应更接近脱耦。

3. 认知压力下的企业战略行为

认知压力指来自企业文化价值、当地风俗习惯等的压力。学者主要针对跨国公司在东道主国家经营中面临的当地文化风俗压力问题进行了研究。例如，Andrews 和 Chompusri（2013）从电子沟通、绩效评估和授权三个维度研究了欧洲跨国公司在泰国经营中遇到的文化认知压力问题，他们认为跨国公司应该加强对当地本土文化标准和价值的理解，以便有效管理文化认知压力。Tan 和 Wang（2011）运用制度理论、国际商务理论和商业伦理等构建了一个多重理论框架，检验了跨国公司是如何利用母国的逻辑和原则来回应东道主国家的道德期望的，他们认为跨国公司应针对不同的情况采取不同的道德策略来应对东道主国家的文化认知压力。

4. 规制和规范压力下的企业战略行为

关于规制和规范压力下的企业战略行为的研究主要集中在转型经济背景下企业的不同战略反应。面对政治、经济宏观层面和组织场域中观层面带来的各种压力，企业表现出了不同的战略反应。不同所有制企业、跨国公司在处理与当地政府、社区和消费者等不同利益集团关系时，根据自身的资源能力和当地社会期望等表现出了顺从、脱耦甚至操纵等战略反应。如在转型经济背景下，跨国公司在面临企业社会责任压力时表现出不一致，即跨国公司在母国社会绩效方面的表现与在东道主国家的社会绩效表现不一致（Tan，2009）。与此相反，本土企业在面对规制和规范压力时，其战略反应不一：有的企业在面临转型和技术创新压力时表现出了一致的反应，即大多需要接受基金投资（Cruz-Castro，Sanz-Menéndez，and Martínez，2012），而有的企业面临经济转型和知识产权管理压力时则采取操纵策略来回应，即通过自身拥有的资源能力，采取增加投入和产品国际化的本土增长策略来克服制度变革带来的压力（Chittoor et al.，2008），还有一些企业通过充分解释对公司有影响力的决策来降低外部因素带来的不确定性（Yu and Ko，2008）。除此之外，相关利益者如消费者、法律制定者、社区和环保主义者等对企业也会形成不同的压力，为了满足相关利益者的不同需求，企业一般采取顺从策略进行回应（Delmas and Toffel，2008）。

5. 规制、规范和认知压力下的企业战略行为

跨国公司是规制、规范和认知压力下的企业战略行为研究的主要研究对

象，学者大多在制度理论的基础上结合资源基础观或管理认知等理论来解释企业的战略反应。跨国公司往往面临着与母国不一样的制度环境，为了寻求在国外市场经营的合法性，有的跨国公司会采取主动战略，如采取国际合资企业（IJVs）经营模式改变当地社会规范来应对东道主国家的制度压力（Owens，Palmer，and Zueva-Owens，2013），而有的跨国公司则采取模仿策略来应对公司面临的天气变化、生物多样性和能源再生等可持续发展压力，尽管这种模仿程度较低，且不能自由决定（Escobar and Vredenburg，2011）。研究人员在制度理论基础上，除结合资源基础观解释跨国公司的战略行为外，还结合管理认知理论探讨了制度变革下企业的战略反应，有力地解释了企业不同战略反应背后的原因。例如，Iederan 等（2011）在对 121 位罗马尼亚创业者访谈的基础上，研究了认知因素是如何应对制度变革的，进一步研究发现制度变革前的认知低于制度变革后的认知，并探讨了创业者的认知图式是如何影响企业战略行为的。

2.3.4　小　结

通过上述归纳总结，本书勾勒了制度理论的研究发展现状，并对制度与企业战略响应行为之间的关系进行了梳理和总结。虽然现有研究成果为制度研究提供了有价值的参考，但仍存在一些不足，主要表现如下：第一，现有研究主要以制度为前因变量对企业战略响应行为进行了研究，存在"重两端，轻中间"的状况，只有少数文献结合了资源基础观（4 篇）、动态能力（3 篇）、认知理论（2 篇）和组织注意力（2 篇）等理论对企业不同战略响应行为进行了深入剖析。第二，从上述分析可知，现有制度研究基本是在西方情境下开展的，但仍有不少学者尤其是华人学者对东方情境下的制度进行了研究，如中国香港地区的学者，他们以中国为研究对象开展相关研究，并取得了丰硕的研究成果。第三，制度理论对外部复杂环境的解释力不足。随着亚洲经济尤其是中国经济在世界经济发展中所起的作用日益凸显，现有制度理论发展状况与经济发展极不相称，制度的复杂性使得现有制度理论对东方国家企业管理现象的解释出现了不足的问题。

2.4　制度逻辑研究综述

2.4.1　制度逻辑的概念和基本假设

1. 制度逻辑的概念

传统的新制度理论解释了组织为了获得合法性而采取同构行为的原因。但是，新制度理论对制度压力下组织仍存在异质性行为的现象没有给出充分的解释。为此，部分新制度主义理论学者开始将研究重点从制度同构和扩散问题转向组织行为多样化和制度创业（Lounsbury，2007），开始研究制度逻辑问题，强调制度情境的多元性和多样性对组织行为的影响。简言之，制度逻辑就是关于如何解释组织现实，什么构成了合适的行为以及如何获取成功含蓄的假定和价值标准的集合（Thornton，Ocasio，and Lounsbury，2012）。基于这个概念，制度逻辑为个体和组织提供了行为策略，被认为广泛存在于医疗健康（Dunn and Jones，2010）、文化产业（Glynn and Lounsbury，2005）和制造行业（Greenwood et al.，2010）等领域中，并体现在家庭、社区、市场、职业和公司（Thornton，Ocasio，and Lounsbury，2012）等不同社会层次之中。因此，与新制度理论不同的是，制度逻辑不再单一地强调某一主导逻辑对组织行为同质化的影响（Meyer and Rowan，1977；Dimaggio and Powell，1983），而是更关注具体制度情境下多元制度逻辑对组织结构和行为的影响（Thornton and Ocasio，2008）。

2. 制度逻辑理论的基本假设

任何一种理论都有自己的前提假设，制度逻辑理论也不例外，其基本假设主要包括五个方面，分别是嵌入式能动、交互制度系统、物质与文化双重要素、制度的多层次性和历史权变性（Thornton and Ocasio，2008）。

第一，嵌入式能动。新制度主义认为既然行为主体嵌入在制度的规则、规范和认知中，那他们又是如何打破这些制度进行实践创新的呢（Garud et al.，2007）？对于这样一个"嵌入式能动"悖论，制度逻辑理论认为：个体和组织的认知、价值观和信仰是嵌入在主导制度逻辑当中的，当他们为了实现自己的身份认同和经济利益时，会受到主导制度逻辑的约束（Thornton and Ocasio，2008）。因此，个人和组织的决策是个体代理和制度逻辑相互作用的结果（Friedland and Alford，1991；Thornton and Ocasio，1999）。一方面，制度逻辑会对个体和组织的认知和行为产生形塑作用；另一方面，个体和组织又会对制度逻辑的具体呈现产生影响。已有学者的研究表明，不同逻辑之间的冲突和不同层面的行动会形成新的制度逻辑。例如，Greenwood 和 Suddaby（2006）通过美国和加拿大会计师事务所行业的实证研究，发现在成熟组织场域中，处于权力中心的组织可以通过引入新的组织形式而成为成功的制度创业者。

第二，交互制度系统。Friedland 和 Alford（1991）认为社会是一个交互制度系统，并将西方社会中的资本主义市场、官僚政治、民主、核心家庭和基督教视为最重要的五种制度秩序，每种制度秩序都有着自己独特的逻辑，并对社会活动者的行为和关系提出了不同的要求。这个假设表明社会中存在着多种制度逻辑。因此，组织面临的是一个包含多重逻辑的制度环境，这些不同逻辑可能是冲突或竞争的，因而对组织行为产生了不同影响，组织为了回应不同逻辑的需求而呈现行为的多样化现象。因此，将社会看作一个交互制度系统是一个重要理论贡献，它解释了组织行为异质性和能动性的根源。总而言之，制度逻辑理论认为组织面临的是具体的社会情境，存在着多种制度秩序，不同的制度秩序彼此相互作用，并对组织的效率和价值观产生不同的影响（Thornton and Ocasio，2008）。

第三，物质与文化双重要素。Thornton 和 Ocasio（1999）将制度逻辑定义为"能够形塑行为主体认知和行为的物质实践、假设、价值、信念和规则的社会构建和历史模式"。由此可见，制度逻辑理论认为每种制度秩序都包含物质和文化双重要素（Thornton，Ocasio，and Lounsbury，2012），物质和文化要素彼此相互影响，共同作用于制度的发展。例如，我们经常讨论的市场问题，就受到物质和文化双重作用的影响。物质实践要通过具有象征性的文化才能被解释和传播，才有可能对制度变革产生影响（Thornton，Ocasio，and Lounsbury，2012）。如果仅强调物质实践的作用，而忽视文化的作用，是不能解释组织行为多样化的。因此，只有将物质和文化进行整合才能对组织行为异质性有一个合理的解释。

第四，制度的多层次性。制度逻辑理论认为，制度秩序在组织、场域和社会等不同层次上运行。因此，制度逻辑理论研究要在明确不同制度逻辑发生的层次的基础上对行为主体的行为做出解释。不同制度逻辑可能发生在组织和个体层次、社会与组织层次、组织与场域层次等两个层次上，甚至出现在更复杂的三个层次中。

第五，历史权变性。制度的研究需要从历史和文化的角度来开展。换言之，在不同的历史时期，不同的制度逻辑对社会活动者的影响是不同的，有可能过去对社会活动者影响很深的制度逻辑，会随着时间的推移变得不再重要，甚至无效。例如，Dunn 和 Jones（2010）研究发现，科学逻辑和保健逻辑在不同时期的作用是不同的，随着人们观念的变化，保健逻辑的作用在不断增强，而科学逻辑的作用在减弱。Goodrick 和 Reay（2011）通过分析美国药剂师的工作证明了共存逻辑之间的竞争、合作或补充关系允许职业逻辑、公司逻辑、市场逻辑、国家逻辑等多个逻辑同时影响专业人员及其工作。此外，Fong，Wong 和 Hong（2018）探讨了中国澳门四家旅行社在过去十年中共同竞争行为的演变，研究结果表明，旅行社的行为从原来的竞争逻辑转为现在的竞合逻辑。由此可见，不同制度逻辑的重要性以及主要的制度逻辑会随着时间的变化而有所不同。因此，制度逻辑的历史权变性假设为个体和组织的行为提供了一个不同的考量角度。

2.4.2　制度逻辑理论视角下的组织战略行为研究

1. 制度逻辑与组织行为研究

制度逻辑和组织行为之间的关系是制度逻辑研究领域的主要内容。制度逻辑对组织行为产生影响，而组织通过自身的特性反作用于制度逻辑，从而使组织行为在不同制度逻辑作用下有所不同。制度逻辑主要通过身份认同、组织之间的地位和权力竞争以及改变组织的注意力分配来影响组织的行为（Thornton and Ocasio，2008）。当个体认同某个组织身份时，则组织的身份就会对个体行为产生影响。例如，Wry 和 York（2017）基于身份理论分析了不同类型的企业家是如何看待商业逻辑和社会福利逻辑对创业的影响，从而影响企业家对社会创业的认知的。Souitaris，Zerbinati 和 Liu（2012）对风险投资行业的研究表明，风投公司决策者对投资合作者和职业经理人的身份认同，影响了组织对结构形式的选择。Battilana 等（2015）分析了社会企业的社会印记虽然直接提高了社会企业的社会效益，但社会印记也通过对经济效益的负面影响间接削弱了社会效益。因此，当组织中的成员认同了某种集体身份就会展现出与其制度逻辑相适应的行为，尤其是在冲突制度逻辑下，组织为了获得合法性和利益最大化，必然会采取合适的行动来响应制度逻辑的不同要求，即通过身份的区分来回应多样的制度逻辑要求。进一步地，当组织面临多重制度逻辑约束时，其需要通过内部权力的竞争和分配来实现组织最终的利益。Lounsbury（2007）认为竞争逻辑通过形塑实践的具体表现来影响组织行为。因此，当组织在面对多种制度压力时，往往会依据自身的资源优势采取顺从、妥协、回避、抵抗、操纵等一系列战略反应（Oliver，1991）。然而，场域中的制度逻辑常常是竞争性的，即组织如果回应了某一制度逻辑的要求，可能就违反了另一种制度逻辑的要求，或者场域中的多重制度逻辑影响权力相当，并不存在单一主导权力的制度逻辑，因此组织需要对所有制度逻辑进行回应。因此，Pache 和 Santos（2010）在 Oliver（1991）的基础上，从手段和目标两个层次上，综合考虑组织回应不同制度逻辑的成本和风险，提出了组织的响应战略，这体现了组织内部权力的竞争与分配的结果。例如，Grinevich 等（2019）通过对共享平台的案例分析发现，组织能够灵活地利用绿色逻辑、经济逻辑和社会逻辑等不同逻辑降低制度的复杂性，并采取吸收策略来回应多重制度逻辑的不同要求。Leppaaho 和 Pajunen（2018）通过研究北欧中小企业在法国跨国经营的案例，分析了制度逻辑差异对中小企业国际化的作用，以及制度距离是如何影响网络关系的形成。此外，还有一些学者通过探讨制度逻辑对组织注意力配置的影响来解释组织的决策和行为（Thornton，2004）。例如，Woldesenbet（2018）的研究显示，新兴的私营部门组织发现国有企业制度逻辑可以帮助其获得新的合法性，从而采取国有企业的相似策略来实现其目标。Dunn 和 Jones（2010）分析了美国医学院教育中的保健逻辑和科学逻辑，发现不同的群体和利益支持使两种制度逻辑发生冲突，从而导致医学院对逻辑关注发生变化进而影响其未来专业人才培养目标。

2. 制度逻辑与制度创业关系研究

制度逻辑与制度创业关系研究受到了学者的高度关注。早期新制度主义认为单一主导制度逻辑对组织行为产生影响从而使组织行为同形化。然而，随着外部环境的动荡和不断变化，组织面临的制度环境越来越复杂，即组织往往处于多重制度逻辑当中。因此，制度逻辑理论所阐释的制度多元化特征为组织行为异质性提供了有力解释。而制度创业起源于制度的复杂性和多样性。组织为了回应多重制度逻辑要求可能进行制度创业。所谓制度创业，指的是组织场域中新制度的创造或者是一种制度转变为另一种制度的过程，突出了新制度主义所忽略的制度变革（Battilana et al.，2015），而制度创业者是创造新制度和改造旧制度的个人和组织。Leblebici 等（1991）开创性地考察了美国传媒业的制度变革，即传媒业场域中的发行商、电台等行为主体由于遵循不同制度逻辑使得其市场力量和地位发生变化，从而导致了非主导制度逻辑行为主体进行了制度创业活动。Seo 和 Creed（2002）从理论上分析了组织场域中的活动者能接触到非主导制度逻辑是制度创业发生的重要原因。基于此，Greenwood 和 Suddaby（2006）通过对美国和加拿大会计师事务所行业的实证研究发现，在成熟组织场域中，处于权力中心的组织由于能获取会计行业以外的制度而通过引入新的组织形式（多事业部制），因此被认为是成功的制度创业者。由此可见，制度创业者需要利用现有位置的优势来感知其他制度，并抓住机会来改变现有制度实现制度创业。而要实现制度创业就需要有相应的支持，因此制度创业者会利用公共舆论来创造有利于制度创业的相关资源，包括物质资源和文化资源，如故事讲述（Zilber，2002）和修辞策略（Suddaby and Greenwood，2005）等，通过这些资源支持来获得制度创业的合法性。企业可通过识别制度环境类型灵活选用修辞策略，如企业可通过判断制度是否具有稳定性而采取遵循还是回避的策略（邓晓辉等，2018）。Newenham-Kahindi 和 Stevens（2018）研究发现跨国公司可以通过共同创造新的制度逻辑而不是遵循现有的制度逻辑来克服企业涉外责任问题。Jayanti 和 Raghunath（2018）通过案例研究法分析了国家特有的高权力距离和普遍低信任的文化差异可以引发新的制度空间，并由制度创业者利用这些空间来促进新的组织形式并使其合法化。从上述研究可知，由于多重制度逻辑的存在，组织为了回应不同制度逻辑要求，通过各种途径来改变现有制度安排或者进行新制度的创造，以此实现组织自身的合法性和利益最大化目标。

3. 制度逻辑演化研究

制度逻辑之间既可能发生冲突也可以共存，而制度复杂性本身能够制度化（Smets et al.，2015）。在 Seo 和 Creed（2002）看来，社会嵌入在了一个整体的、多层次的、互不相容的矛盾制度中，他们还认为制度矛盾和人类的实践相互作用导致了制度变迁。Dunn 和 Jones（2010）对美国医疗教育行业发展历史的研究表明，在不同时期保健逻辑和科学逻辑的相互冲突和替代形成了制度逻辑演化过程。Goodrick 和 Reay（2011）通过分析美国药剂师工作变化，发现职业逻辑、企业逻辑、市场逻辑和国家逻辑等逻辑之间存在竞争、合作或补充关系。Fong，Wong 和 Hong（2018）探讨了中国澳门四家旅行社在过去十年中为了响应制度因素的变化，从竞争逻辑演变成竞合逻辑的过程。Liu 和

Cai（2018）通过案例研究方法，分析了权力分散、区域差异、全球网络等原因导致的国家权力控制放松（国家逻辑），并进一步表明地方政府、产业、大学三者之间的均衡互动是由国家逻辑、市场逻辑和专业逻辑的结构性重叠，中国从计划经济向市场经济的转型以及知识社会中创新和学习的重要性所驱动的。巩健（2017）的研究表明，家族企业的多元制度逻辑主要遵循"结盟期—争夺期—主导期"的动态演进路径，随着逻辑性质向"主导期"过渡，市场逻辑导向会越来越明显，同时企业战略变革的频率也将逐渐增高。程宣梅等（2018）通过对我国专车服务市场制度变革过程的纵向案例研究，探讨了组织场域中的集体行动如何推动制度逻辑演化的内在机制问题，研究发现：制度逻辑的演化过程主要经历了分离、冲突和共存三种状态，制度逻辑的演化是在不同的制度机会情境下，由行动主体能动性策略和资源利用所构建的差异化集体行动模式驱动的。

4. 国内制度逻辑理论研究进展

本书利用从 CSSCI 数据库搜索到的关于制度逻辑研究主题的 127 篇样本文献（截至 2021 年底）对国内制度逻辑理论研究进行定性和定量分析发现，国内制度逻辑理论在组织管理中的研究是从 2001 年开始的，之后论文发表数量呈缓慢波浪式上升，2016 年达到最高峰，为 23 篇，2017 年和 2018 年又降为 18 篇，之后三年发表论文数再降为个位数，其中 2021 年发表 9 篇。这说明国内相关领域的研究人员近五年才开始大量运用制度逻辑理论来剖析中国的组织管理问题，相比国外从 2008 年爆发式的增长（杨书燕、吴小节、汪秀琼，2017），国内滞后了 10 年。从各研究机构合作情况来看，大部分机构之间并未有多少合作，合作关系显得疏松，仅有少部分机构有合作关系，如南开大学商学院和安徽财经大学工商管理学院。从研究领域来看，学者主要对四个方面进行了研究，分别是公司治理、创业与创新管理、农业制度经济学和组织社会学。从研究内容来看，学者主要从公司治理、"三农"问题、企业创新、社会企业和文化企业发展、产学研协同创新以及社会治理等方面进行了研究，下面本书对公司治理、企业创新、社会企业和文化企业发展三个方面进行总结归纳。

第一，公司治理研究。从样本文献的研究内容分析可知，学者运用制度逻辑理论对公司治理问题进行了研究，主要包括企业决策偏好、跨国公司经营、企业对政府政策的战略反应等。例如，武立东、薛坤坤、王凯（2017）利用沪、深 A 股国有上市公司数据，运用行政逻辑和经济逻辑两种逻辑对不同金字塔层级下的企业管理层决策偏好进行了实证分析，研究发现：金字塔层级越少，管理层决策行为越偏好合法性的行政逻辑；反之，金字塔层级越多，管理层决策行为则越偏好效率性的经济逻辑。对于从事跨国经营的企业来说，由于其面临的制度环境更复杂，因此如何处理不同制度逻辑之间的关系对企业生存和发展来说尤为重要。李东红、王文龙、金占明等（2016）采用案例分析法，对聚龙公司在印度尼西亚的经营实践做了深入剖析，发现当跨国公司遇到多重制度逻辑冲突时，可通过履行企业社会责任来获得不同逻辑下的合法性，企业社会责任具体包括兴建基础设施、为本地培养人才、为母国搭建海外运营平台等，这些行为既满足了政府的要求，也满足了市场的需求，从而较好地实现了其海外运营的顺利开展。另外，跨国公司在东道国不同制度压力下做出的战略选择还可以通过公司的认知框架得以实现，这凸显了组织话语在企业战略决策中的重要作用（彭长桂、吕源，2016）。在转型经济情境下，企业不能忽视政策环境的影响。郑莹、陈传明、张庆垒（2015）根据 143 家医药上市公司从 2009—2013 年对我国医疗政策的分析发现，市场逻辑更强的企业对政策环境会更加关注，而官僚逻辑更强的企业则不重视政策的影响，进一步研究发现市场逻辑的作用不因企业所有权类型而有所差别，但官僚逻辑会降低国有企业对政策的关注度。此外，缑倩雯、蔡宁（2015）就企业面临的环保政策压力，运用国家逻辑和市场逻辑对企业的战略反应进行了研究，结果发现国有企业受国家逻辑的影响更大，其环境行为更多反映出公共利益诉求，从而倾向于采取实质性战略，相反，私营企业受市场逻辑影响更大，因此在绩效不好时更倾向于象征性战略。张劲等（2018）基于多元制度逻辑视角探究了关系逻辑、政府逻辑与市场逻辑下供应链治理模式选择倾向及其背后的原因。

第二，企业创新研究。在外部环境变得越来越复杂、越来越动荡时，企业如果想要保持良好的绩效水平就必须创新，而在转型经济背景下，企业创新行为是否具有合法性，该在哪个阶段创新，创新又该如何实施，这些问题都需要企业进行缜密分析。对新创企业来说，创新模式显得尤为重要。相关研究表明，获得风险投资机构资金的新创企业倾向于利用式创新，而获得政府机构资金扶持的新创企业倾向于探索式创新，研究进一步发现，新创企业往期绩效水平对新创企业的创新模式有调节作用（徐承红、朱俊杰、王艳，2017）。同时，企业的绩效水平对企业是否进行创新也有着直接影响。刘建国（2017）基于企业行为理论和循环 CDM 模型，利用大样本数据检验了绩效衰退对企业创新的影响，研究结果表明：企业绩效衰退会增加其创新动机，衰退程度越严重其创新动机越强；在生存参照下，企业的创新动力更多源自历史绩效衰退而不是行业绩效衰退，而制度逻辑的存在对企业创新行为产生了不同影响，即当绩效衰退时，民营企业比国有企业、权力集中结构比权力分散结构更愿意创新。在我国转型经济背景下，由于制度的复杂性和多样性，新创企业创新不仅要考虑效率性，还要考虑合法性的问题，而制度逻辑能使新创企业获得合法性，进而对新创企业的创新行为产生促进作用（李宏贵、谢蕊，2017），实证研究也表明：专业逻辑、合作逻辑、社区逻辑和家庭逻辑对新创企业的创新合法性具有正向效应，其中影响最大的是合作逻辑（李宏贵、谢蕊、陈忠卫，2017）。更进一步地，新创企业在不同阶段是通过哪种制度逻辑以及何种方式获取较高绩效的。相关研究表明：技术逻辑可使新创企业在创建阶段采取探索式技术创新行为获得较高的绩效；制度逻辑可使新创企业在生存阶段采取社会关系以及制度逻辑与技术逻辑交互作用下的利用式创新行为获取较高的绩效；技术逻辑可使新创企业在成长阶段采取利用式技术创新行为获取更高的绩效（李宏贵、谢蕊、陈忠卫，2017）。因此，企业需要通过创新研发过程中的启动动机、团队管理和研发策略制定等环节塑造创新型企业（徐根兴，2017），进而获得持续竞争力。

第三，社会企业和文化企业发展研究。社会企业是有别于一般企业的微观主体，其追求的目标不仅有经济效益方面的，还有社会效益方面的，因此其面临的制度环境更为多样化。为此，学者运用制度逻辑理论对社会企业的合法性和成长机制进行了分析。例如，刘振等（2015）通过对单案例和跨案例的比较探索了社会企业的成长机制，研究发现市场逻辑、公益逻辑和理性选择逻辑对社会企业均产生了影响，因此获取市场、联盟和关系的合法性成为社会企业生存的前提，在此基础上可以实现经济效益和社会效益两种目标，研究还发现，社会企业的成长合法性途径也存在差异。张晓峰、刘静、沈喆（2017）通过整合儒家义利观分析了社会企业是如何应对市场失灵和政府失灵下的社会实践和思维创新的，并对社会企业提出了其应在儒家义利观指导下，从规范性、透明性、责任性、回应性、有效性和制度性等方面应对多重制度逻辑冲突问题。此外，学者还针对文化企业发展问题进行了探讨，其认为企业应厘清文化逻辑、市场逻辑和制度逻辑，并强调了文化企业是以市场配置资源为基础，同时结合文化体制改革和文化产业立法的制度逻辑来发展的（陈志军、张振鹏，2016）。

2.4.3　小　结

从上文归纳和梳理可知，现有对制度逻辑的研究主要集中在不同制度逻辑对组织行为的影响，而对同一场域内制度逻辑之间的竞争和兼容关系对组织的影响研究尚有不足之处。一方面，现有研究将组织面临的制度环境简单地看作多种竞争逻辑调和的结果，将制度复杂性看作两种或两种以上制度逻辑的呈现（Besharov and Smith，2014），而没有进一步深入探讨多重制度逻辑之间的关系对组织行为的影响。现有大多数研究认为场域内的逻辑数量越多，则制度复杂性越高，组织需要满足的制度数量要求也随之增加。事实上，组织虽然面临的制度逻辑数量较多，但并不需要对所有制度逻辑要求做出回应。制度逻辑之间因竞争而导致的逻辑优先次序和管辖权的重叠对组织行为的影响更大，即当组织面临高度不确定的制度环境时，需要对竞争性的制度逻辑做出优先次序安排（Kraatz and Block，2008），尤其是要考虑能驱使组织必须做出响应的制度逻辑。同时，管辖权的重叠使得制度更复杂，这也对组织响应行为造成了压力。另一方面，多重制度逻辑共存于同一制度环境中并不都是竞争替代的，也有可能是兼容共存的。现有研究大多研究的是逻辑之间的冲突关系，对逻辑之间可能存在的兼容共存关系研究甚少。因此，对制度逻辑之间关系的探讨是对制度逻辑研究的深入和完善，这对厘清组织呈现的从顺从到抵抗的不同行为有所裨益。现有关于制度逻辑关系的研究如表 2-2 所示。

此外，现有制度逻辑与组织行为之间关系的研究主要是基于西方情境展开的。虽然近些年来基于新兴经济体背景的研究有所增加，如制度逻辑对组织绩效（魏泽龙、谷盟，2015）、公司治理（武立东、王凯，2014）和竞争优势获取（Vasudeva，Spencer，and Teegen，2015）等方面的影响，但研究成果依然不多。新兴经济体制度环境呈现出多面性、差异性和变异性的特征（李晓丹、刘洋，2015），尤其是中国转型经济为制度逻辑与组织行为之间关系的研究提供了极佳的试验田（Luo，2014）。从国内运用制度逻辑理论研究的情况来看，研究成果和研究机构都偏少，所涉及研究领域也偏窄。因此，学者有必要加强中国情境下的组织行为研究。与成熟场域制度相对确定、清晰不同的是，中国作为新兴场域，其制度安排存在不确定性，制度规则比较模糊，尤其在中国从计划经济转入市场经济的过程中，市场逻辑和政府逻辑是交织进行的。虽然我国将市场作为主要的资源配置手段，但由于路径依赖，政府作为资源配置的另一只手仍将存在。对此，作为微观主体的组织是如何回应这两种不同制度逻辑要求的？为什么有些组织甘愿冒风险支持其中一种逻辑而忽视另一种逻辑，其背后真正的原因是什么？对被忽视的制度逻辑，组织又是如何管理的？组织到底有多大的自由裁量权？组织是如何实现效果和效率两者统一的？对于这些问题，有必要结合具体情境进行探讨。

表 2-2   制度逻辑研究文献一览表

作　者	维　度	逻辑间的关系	研究方法	主要观点
Grinevic 等（2019）	绿色逻辑、经济逻辑和社会逻辑	—	案例研究	共享平台能够灵活地利用绿色逻辑、经济逻辑和社会逻辑，并采用复杂度降低和复杂性吸收策略，在逻辑使用中对时间进行调整
Harrington 和 Strike（2018）	家族逻辑和商业逻辑	—	案例研究	研究认为信托人——具有特殊客户义务的专业人士是维护家族企业作为商业企业和亲属群体生存能力的关键角色
Woldesenbet（2018）	—	相互竞争	定性研究	研究结果揭示了过去受保护的国有组织主张寻求扩大自己的合法性，而新兴的私营部门组织则寻求构建新的合法性，部分方法采用了国有企业使用的一些逻辑
Newenham-Kahindi 和 Stevens（2018）	当地社区和外商、经济与非经济利益	相互竞争、制度创业	案例研究	研究发现跨国公司可以通过共同创造新的制度逻辑来克服企业涉外责任（LOF），而不是遵循现有的制度逻辑；嵌入在两组相互竞争的制度逻辑中的当地雇员在促进制度创业过程中起到了中介作用
Jayanti 和 Raghunath（2018）	高权力距离和低普遍信任的文化	相互冲突	案例研究	国家特有的高权力距离和低普遍信任的文化差异可以引发新的制度空间，制度创业者可以利用这些空间来促进新的组织形式的产生，并使其合法化

续 表

作 者	维 度	逻辑间的关系	研究方法	主要观点
Fong，Wong 和 Hong（2018）	合作逻辑、竞争逻辑	竞争、共存	案例研究	研究结果表明，旅游目的地行为者为了响应制度因素的变化，采用了合作竞争的制度逻辑，包括开发、探索、衔接、共享和边界跨越五个关键过程
Cherrier，Goswami 和 Ray（2018）	重叠逻辑、矛盾逻辑	相互冲突	案例研究	制度复杂性表现为制度逻辑的相互重叠和或相互矛盾，并引发矛盾的紧张关系
Liu 和 Cai（2018）	国家逻辑、市场逻辑和专业逻辑	—	案例研究	分析了权力分散、区域差异、全球网络等原因导致的国家权力控制放松（国家逻辑）。地方政府、产业、大学三者之间的均衡互动是由国家逻辑、市场逻辑和专业逻辑的结构性重叠，中国从计划经济向市场经济的转型以及知识社会中创新和学习的重要性所驱动的
Leppaaho 和 Pajunen（2018）	制度逻辑（价值观、信念和规则）差异	冲突	案例研究	通过研究北欧中小企业在法国跨国经营的案例，分析了制度逻辑差异对中小企业国际化的作用，以及制度距离如何影响网络关系的形成
Wry 和 York（2017）	社会福利和商业逻辑	冲突	理论研究	建立了一个基于身份理论的理论模型解释：①商业和社会福利逻辑如何与创业相关；②不同类型的企业家如何看待这些逻辑之间的紧张关系；③这对企业家如何认识和发展社会企业机会有何影响
Qiu，Gopal 和 Hann（2017）	职业逻辑和市场逻辑	冲突、共存	案例研究	职业逻辑和市场逻辑在一个基于平台的软件生态系统中是如何体现的，这个生态系统为独立的第三方应用程序开发人员创造了重要的创业机会

续　表

作　者	维　度	逻辑间的关系	研究方法	主要观点
Battilana 等（2015）	商业逻辑、社会使命逻辑	—	二手数据	社会企业的社会印记虽然直接提高了社会企业的社会效益，但社会印记也通过对经济效益的负面影响间接削弱了社会效益
Smets 等（2015）	社区逻辑、市场逻辑	冲突、共存	案例研究	制度逻辑之间既可能发生冲突也可以共存，制度复杂性本身能够制度化
Greenwood 等（2010）	国家逻辑、家族逻辑和市场逻辑	—	二手数据	研究发现当公司的活动，特别是大公司的活动集中在政府支持区域独特性的区域和公司的区域活动具有重要意义时，区域逻辑尤其有效。家族逻辑会影响裁员的决定，尤其是规模较小的公司
Pache 和 Santos（2010）	商业逻辑、社会福利逻辑	冲突	案例研究	企业并没有像文献中通常建议的那样采用解耦或妥协的策略，而是有选择地耦合每个逻辑规定的完整元素，这种策略允许他们向外部利益相关者展示合法性，而无须进行代价高昂的欺骗或谈判
Goodrick 和 Reay（2011）	职业逻辑、公司逻辑、市场逻辑、国家逻辑	竞争、合作	案例研究	通过分析美国药剂师工作随时间的变化，证明了共存逻辑之间的竞争（分段）和合作（促进或补充）关系允许多个逻辑同时影响专业人员及其工作
Dunn 和 Jones（2010）	保健逻辑、科学逻辑	冲突	案例研究	与竞争对手的司法竞争使医学院对保健逻辑的关注度有所增加，医学院使命的分化与对科学逻辑的关注减少有关。研究表明，医学教育中护理和科学的多元逻辑是由不同的群体和利益支持的，会随着时间的推移产生波动，并在如何培养未来的专业人才方面造成动态紧张

作　者	维　度	逻辑间的关系	研究方法	主要观点
Michael 和 Christopher（2007）	银行逻辑、社区逻辑	竞争	二手数据	对美国银行业的研究表明，在面对外来者采取全国性治理逻辑、实施标准化和提高效率时，为了保护社区银行的生存和自主性，支持社区逻辑的银行家投入社区银行创业，以抵制或对抗全国性银行的扩张行为
武立东、薛坤坤、王凯（2017）	行政逻辑、经济逻辑	—	二手数据	金字塔层级越少，管理层决策行为越偏好合法性的行政逻辑；反之，金字塔层级越多，管理层决策行为则越偏好效率性的经济逻辑
郑莹、陈传明、张庆垒（2015）	市场逻辑、官僚逻辑	—	二手数据	市场逻辑更强的企业会更加关注政策环境，而官僚逻辑更强的企业则不重视政策的影响，进一步研究发现市场逻辑的作用不因企业所有权类型而有所差别，但官僚逻辑会降低国有企业对政策的关注度
缑倩雯、蔡宁（2015）	市场逻辑、国家逻辑、社会公益逻辑	—	二手数据	国有企业受国家逻辑的影响更大，其环境行为更多反映出公共利益诉求，从而倾向于采取实质性战略；相反，私营企业受市场逻辑影响更大，因此在绩效不好时更倾向于象征性战略
刘振等（2015）	市场逻辑、公益逻辑和理性选择逻辑	—	案例研究	市场逻辑、公益逻辑和理性选择逻辑对社会企业均产生了影响，因此获取市场、联盟和关系的合法性成为社会企业生存的前提，在此基础上可以实现经济效益和社会效益两种目标

续　表

作　者	维　度	逻辑间的关系	研究方法	主要观点
王凯、邹晓东（2016）	商业逻辑、学术逻辑	—	定性研究	运用商业逻辑和学术逻辑，从劳动分工、工作环境、个人特征和知识扩散四个维度分析了产业知识生产模式，结果发现大学和产业知识生产模式是异质性和融合性的统一，这种认知能促进产学研合作政策的形成，并对产学研协调创新产生重要影响
巩健（2017）	家族逻辑、市场逻辑	—	案例研究、二手数据	企业的多元制度逻辑主要遵循"结盟期—争夺期—主导期"的动态演进路径，随着逻辑性质向"主导期"过渡，市场逻辑导向会越来越明显，战略变革的频率会逐步增高。相反，在家族逻辑影响程度较高的阶段，家族涉入的程度较高，战略延续的倾向较大
张劲等（2018）	关系逻辑、政府逻辑与市场逻辑	—	一手数据（大样本问卷调查）	供应链成员企业的商业关系与政治关系越强，越倾向于选择低控制治理模式；相对于国有企业而言，商业关系与政治关系对非国有企业治理模式选择行为的影响效果更明显；市场化改革有利于缓解商业关系、政治关系对供应链治理模式选择的影响强度

2.5　现有研究总结与本书研究切入点

2.5.1　现有相关理论研究进展

著者通过对相关理论的梳理发现，为了探究企业战略变革行为背后的动机，学者进行了大量的研究，并取得了丰富的研究成果，本书对其进行总结归纳，内容如下。

第一，现有研究对企业战略变革影响因素进行了分析。学者分别从资源基础观、管理者特征和管理者认知以及制度基础观对企业战略变革的驱动因素几个方面进行了探讨。例如，关于转型升级的研究，现有文献主要从资源基础观和制度理论对企业内部因素和外部因素进行了分析，内部因素主要强调企业的技术创新能力对企业转型升级的影响，外部因素则主要强调制度作为一个统一整体对企业转型升级的影响，包括技术创新环境（Vives，2008）、外商直接投资（魏龙、王磊，2017）和制度质量（李福柱、刘华清，2018）等。关于管理者特征，学者则主要分析了董事会特征（任期、平均年龄、性别构成等人口统计学特征）（Golden and Zajac，2001；Triana，Miller，and Trzebiatowski.，2014）、高管特征［CEO 性格特质（Herrmann and Nadkarni，2014）和高管继任（Nakauchi and Wiersema，2015）］等方面对企业战略变革的影响。另外，关于管理者认知，学者还从管理者的知识结构（Heavey and Simsek，2017）和管理者的关注焦点（Kammerlander and Ganter，2015）等方面对企业战略变革行为进行了探讨。

第二，现有研究主要基于西方情境分析了制度压力下的组织同构行为。从上文对制度理论研究的梳理和归纳总结可知，学者意识到了制度环境对组织战略行为的重要影响。因此，现有文献基于西方情境，将制度作为一个内生变量而非外生变量对组织战略行为进行了大量研究，现有文献认为在制度压力下，组织为了追求合法性地位，更多地表现出了同构行为，即顺从或跟随战略（Khan and Lactiy，2014；Cruz-Castro，Sanz-Menéndez，and Martínez，2012），也就是主要通过解构"制度"的不同构面来理解组织行为，但对制度复杂性，尤其是转型经济背景下的企业行为异质性的研究关注稍显不足。

第三，基于制度复杂性和多样性特征，现有研究建立和发展了制度逻辑理论。先前关于制度的研究主要基于西方情境展开，而随着外部环境变得越来越动荡，尤其是在转型经济背景下，学者发现制度理论不能充分解释组织行为异质性的问题。为此，学者在制度理论基础上，基于制度复杂性和多样性特征发展了制度逻辑理论，并主要基于英美和欧洲大陆的情境探索了不同制度逻辑之间的关系，特别是冲突关系对组织行为的影响（Thornton，Ocasio，and Lounsbury，2012；Leppaaho and Pajunen，2018），而基于东方情境下的制度逻辑研究仍然不足。虽然有部分学者开始基于东方情境，尤其是中国情境尝试展开研究（郑莹、陈传明、张庆垒，2015），但碎片化的研究使得对不同制度逻辑的概念界定仍然模糊不清。此外，从现有文献研究方法来看，学者主要采用了演绎推理和案例分析方法对不同制度逻辑之间的关系及其演化进行了分析，而针对大样本的实证分析较少。因此，基于制度逻辑研究现状，学者有必要加强转型经济背景下的制度逻辑实证研究，为明晰不同制度逻辑概念内涵和组织如何回应不同制度逻辑提供一个更合理的解释。

2.5.2　本研究切入点

从上述文献综述可知，已有研究在一定程度上从不同理论视角阐明了企业战略变革行为的动机和影响因素，丰富了企业战略变革研究，推动了理论的发展。然而，现有研究对制度复杂性尤其是转型经济背景下的组织行为异质性仍未给出合理解释。换言之，转型经济背景下，企业战略变革的驱动因素有哪些？这些因素是如何作用于企业战略变革行为的，其内在机理和作用机制是怎样的？这些问题的存在给本书留下了研究空间。

（1）现有文献研究了制度对企业战略变革的影响，但对转型经济背景下制度的复杂性的解读却不够深入。虽然学者已经关注制度对企业战略变革的影响（Park and Luo，2001；Zhang，Tan，and Tan，2016），但大多数学者仅将制度视为一个统一的整体，甚至以偏概全地将制度的不同构面视为制度的整体，而就制度多元性对组织的影响（Lounsbury，2007）未能进行有效洞察，因而不能解释企业行为异质性的问题。著者经过对现有对企业战略变革研究文献的梳理发现，学者们主要关注的是西方情境下的企业战略变革问题。虽然有部分学者开始研究中国等新兴经济体企业的战略变革问题（Humphrey and Schmitz，2004），但他们主要考察的是西方发达国家市场经济与新兴经济体转型经济之间的差异。随着中国经济的快速增长，国内学者对企业转型升级的研究也在不断增多，但以研究企业转型升级路径的居多（毛蕴诗、张伟涛、魏姝羽，2015），其中又以全球价值链下企业转型升级路径研究为主，而对中国情境下的企业转型升级驱动因素研究依然不足。在转型经济背景下，中国企业面临着制度的复杂性和多样性，需要对不同制度压力来源做出响应。尽管现有少数研究已经注意到制度多元性对组织的影响，但仍关注某一种或某几种制度逻辑对组织行为的影响（Greenwood et al.，2010），或者过于注重不同制度逻辑冲突对组织行为的影响（Battilana et al.，2015），而忽略了不同制度逻辑之间的兼容性和互补性及其作用边界问题（Du and Aldrich，2013）。事实上，多重逻辑之间既有竞争（或分割）又有融合，逻辑之间是可以共存的（Mcpherson and Sauder，2013），而逻辑之间的不同关系对企业战略行为也会产生不同影响。因此，在转型经济背景下的中国，制度复杂性所引致的多元制度逻辑关系构成了可能产生新见解的研究空间。

（2）现有文献虽然关注了制度对企业战略变革的影响，但对制度如何影响企业战略变革的中间机制的研究仍然不足。学者对企业战略变革的驱动因素进行了大量研究，主要包括外部环境、企业资源能力和管理者特征等。其中对外部环境的研究主要从制度理论出发进行了探析。制度理论认为，企业的战略选择会受到其所面临的制度环境的影响，此时，制度环境是企业战略变革的一个内生变量而不是外生变量。企业处于制度环境之中，其行为必然会受到制度环境的塑造和影响。企业只有符合制度环境的要求才能获得合法性，从而生存下来（Meyer and Rowan，1977）。然而，企业在面对制度压力时是否只会选择同构行为呢？事实上，企业面对制度压力时会采取抵制策略（Tingey-Holyoak，2014；Benner and Ranganathan，2013）。可见，企业在面对制度压力时并不总是表现出同构行为。因此，将制度作为前因变量分析其对企业战略变革的影响，并不能对企业行为异质性提供合理的解释。虽然有少量文献对制度与战略变革之间的中间机制做了有益尝试（Yi et al.，2015），并认为企业可以通过构建新的资源配置能力来适应外部环境变化，从而实现战略变革，但大多数研究仍然存在"重两端、轻中间"的情况。基于现有研究不足的现状，本书引入资源能力来打开制度和企业战略变革之间的"黑箱"，以揭示企业战略行为异质性的内在机理。

（3）现有文献对管理者的主观能动性和作用边界未给予重视。现有研究主要从管理者特征，即董事会特征和高管特征方面静态分析了这些因素对企业战略变革的影响。虽然有少数研究关注了企业管理者的主观能动性对企业战略变革的影响（Gersick，1994），但是大部分研究仍陷入战略变革已被高度"制度化"的认识误区而忽视了企业管理层主观能动性的作用，仅简单地假定企业已经理解、认同正式制度的要求，进而再假定企业具有高度顺应正式制度内容的自觉，而对经济效率机制作用下企业针对制度压力存在着回避、抵制、反抗等主观能动性反应行为（Oliver，1991）的客观事实未予以重视。认知理论认为，企业采取何种应对策略取决于决策者对外部环境做出何种解释，而不是由客观环境本身决定的。因此，近年来，针对管理者认知的研究逐渐增多，但学者主要将管理者认知的知识结构和关注焦点作为前因变量（Bacon-Gerasymenko and Eggers，2019；Blettner et al.，2015）或中介变量（Nadkarni and Barr，2008）探讨了其对企业战略变革的影响，忽视了管理者认知的因果逻辑，即管理者解释可能是制度与企业战略变革之间的情境因素。因此，本书运用管理者解释考察了制度与企业战略变革之间的作用边界问题。

（4）现有文献大多从单一理论视角对企业战略变革驱动因素进行了研究，因而不能全面厘清企业战略变革的动机和作用机制。已有研究主要从制度基础观、资源基础观和管理者特征等理论视角分别对企业战略变革的影响进行了分析，并取得了丰富的研究成果。虽然单一理论视角有其独特之处，但将所有影响因素进行简单罗列会忽视各个影响因素之间可能存在的相互作用。因此，本书整合制度逻辑理论、资源基础观和管理者认知建立了一个多理论视角的分析框架，以期为企业战略变革研究提供一个更全面的理论分析视角。

2.6　本章小结

制度逻辑视角下的企业转型升级响应行为是本书的研究内容。本章首先对转型升级的概念、动因、类型和路径进行了全面回顾和总结，并对研究涉及的管理者认知进行了相关文献梳理，包括管理者认知的定义、维度和前因以及对组织行为产生的影响。其次，本书采用计量分析法和内容分析法对制度理论以及制度与组织行为进行了全面、系统性的综述，并指出了现有制度理论研究的不足之处以及未来研究的方向。再次，本书从制度逻辑定义和假设、制度逻辑与组织行为、制度逻辑与创业、制度逻辑演化以及国内制度逻辑研究现状等几个方面对制度逻辑理论进行了全面梳理和综述。最后，本章根据现有相关研究，总结并提出制度逻辑与企业转型升级响应行为的研究切入点，为本书第 3 章的概念模型以及假设提出奠定了理论基础。

第 3 章　概念模型与研究假设

本章在第 2 章文献综述的基础上，整合制度逻辑理论、资源基础观、管理者认知和企业转型升级等相关研究，构建了制度逻辑视角下企业转型升级响应行为概念模型，并在此基础上根据各个变量的理论基础和归纳演绎提出了相关研究假设。

3.1　概念模型

本书主要关注的问题是转型经济背景下企业转型升级响应行为为什么会出现异质性。换言之，即到底是哪些因素影响了企业转型升级响应行为。下面本书将从制度逻辑理论、资源基础观和管理者认知三个方面对该问题进行阐释。

3.1.1　基于制度逻辑理论的分析

随着国内外经济形势的急剧变化，企业面临的外部环境越来越复杂多变，即企业处于一个复杂多变的制度环境中。制度的多样性和多中心性使企业需要对不同制度压力来源做出响应。现有研究主要从制度的三个支柱——规制、规范和认知（Scott，1995）强调了组织的同构行为，而并未考虑社会是由国家、家庭、社区、市场、公司和职业等多种不同但又相互关联的制度秩序构成的（Jennings，Greenwood，and Lounsbury，2013；Thornton，Ocasio，and Lounsbury，2012）。因此，学者需要认识到组织所处场域的制度逻辑并不是单一的，而是多种逻辑共存或互相竞争主导权的事实。随着制度变迁和场域结构的变化，组织原有的结构、文化和行为不再适用于现有的制度逻辑要求，而竞争性逻辑的出现致使组织采取了不同的响应行为，如组织内部权

53

力关系的转变（Thornton and Ocasio，1999）、新组织的建立（Jayanti and Raghunath，2018）、组织创新行为（Lounsbury and Crumley，2007）和制度创业（Newenham-Kahindi and Stevens，2018）等，尤其是在转型经济背景下，企业面临着多重制度逻辑要求，它们会根据感知到的不同制度逻辑及其要求做出合适的回应（Pache and Santos，2010）。中国作为新兴经济体国家，制度的复杂性不言而喻，这对企业经营具有重要影响，政治和经济制度的融合对企业家社会网络和新创企业的发展有着十分重要的意义。具体而言，以中国企业所处的情境来看，1978年改革开放前的计划经济体制，主要通过国家计划体系配置资源，政府逻辑占绝对主导地位。随着改革开放的不断深入，市场经济体制逐步健全，经历了以计划经济为主市场经济为辅到社会主义市场经济体制的演化过程，其过程始终表现为政府逻辑与市场逻辑的共同作用。党的十八届三中全会明确要进一步推进以市场作为资源配置的主要手段的全面深化改革，说明当时的企业依然同时受到市场逻辑与政府逻辑的形塑作用（Fligstein and Zhang，2011）。尽管市场逻辑将随着深化改革居于越来越重要的地位，但考虑到路径依赖以及对市场失灵的防范，政府逻辑仍将在某些特定领域发挥重要的作用。因此，政府逻辑与市场逻辑共存的多重制度逻辑构成了当前中国企业需要应对的最典型的外部制度环境，而政府逻辑与市场逻辑所构成的两种具体制度情境将直接影响甚至决定企业的转型升级响应行为。

一方面，现有研究认为，市场逻辑是一个普遍存在的世界现象，它与新自由主义思想的兴起、工业和资本市场的私有化以及社会经济生活的重塑有关（Thornton，Ocasio，and Lounsbury，2012）。因此，市场逻辑被理解为由一系列核心思想、实践和政策建议组成的制度，这种制度被用来保护个人追求经济利益的自由，并为经济和社会问题提供自由市场的解决方案（Campbell and Pedersen，2001）。同时，市场逻辑下政府的强制力和约束力越小，就越有利于劳动力和货物的自由流动以及绝对财产所有权的实现，越有利于经济和社会的繁荣（Campbell and Pedersen，2001）。因此，市场逻辑被广泛运用于不同行业和领域研究中，如高等教育出版（Thornton and Ocasio，1999）、金融（Lounsbury，2007）、文化产业（Glynn and Lounsbury，2005）和制造业（Greenwood et al.，2010）等行业。可见，中国企业的转型升级响应行为不可避免地会受到市场逻辑的影响。据此，本书通过市场支持制度的强度来定义市场逻辑（Meyer et al.，2009），并从商业自由、贸易自由、产权、投资自由和金融自由等方面（Meyer et al., 2009 ; Zhao and Lounsbury, 2016）来解释市场逻辑对企业转型升级响应行为的影响，以此市场逻辑概念来衡量市场自由度和效率机制的核心问题（Zhao and Lounsbury, 2016）。另一方面，在中国转型经济背景下，企业转型升级响应行为也会受到政府逻辑的影响。政府逻辑基于以凯恩斯为代表的"国家干预"政策，强调采取国家宏观调控政策进而摆脱经济萧条和失业危机。中国在从计划经济转为市场经济的过程中，政府作为另一种资源配置手段，在经济活动中发挥着重要作用。因此，本书认为政府逻辑是指政府通过制定一系列具有规制性的法律、法规以及政策来引导或制约企业的行为和认知，其核心是以合法性机制来影响企业的战略行为。进一步地，按照政府逻辑的主要载体——制度的作用机理进行分类，可以将政府制定的相关政策划分为强制性政策和引导性政策（Huang and Sternquist, 2007）。前者是指强制或者限制行为主体从事特定活动的一系列政策，更突出对企业的约束性，如污染物排放标准和生产质量标准等政策，以限制企业的不合法行为，其作用机理集中体现为弱意义的合法性强迫机制；后者是指偏重于引导行为主体做出相应决策以达到既定目标的一系列政策，偏重对行为主体的引导，其作用机理集中体现为弱意义的合法性规范机制。考虑到引导性政策构成了中国政府促进企业转型升级最重要的抓手，本书将引导性政策作为政府逻辑的替代物进行研究。

3.1.2 基于资源基础观的分析

上文从制度逻辑理论出发分析了企业转型升级响应行为。然而，现实情况是企业面临同一制度环境表现出了不同的战略行为，如有的企业积极转型升级，有的企业却静观其变。除了企业所处的外部环境会影响企业转型升级响应行为，还有什么因素会影响企业转型升级响应行为呢？这自然而然会转到企业自身上来，即企业本身拥有的资源能力问题。资源基础观认为，企业的竞争优势在于其拥有的资源具有价值性、稀缺性、难以模仿和不可替代性（Barney, 1991）。资源基础观的根本原则是用资源的异质性来解释企业之间的绩效差异。换言之，该理论清楚地强调了企业拥有的资源以及它控制这些资源的方式为企业创造了持续竞争优势（Ismail et al., 2012）。企业进行转型升级就是为了实现持续竞争优势。因此，企业能拥有独特的资源和能力对其转型升级至关重要。相关研究表明，企业通过自身拥有的资源和能力获得了持续竞争优势，达到了高绩效水平（Ayuso and Navarrete-Báez, 2018）。

企业资源主要被分为有形资产和无形资产两种（Nason and Wiklund, 2018），这些资源被用来维持企业的核心竞争力。有形资产一般被认为是企业的财务资源或者有形价值（Fonseka，Yang，and Tian，2013；Taussig and Delios，2015），而无形资产一般属于无形价值部分，如技术能力和营销能力（Day，1994）等以知识形式存在的资源以及人力资本、声誉、社会关系等资产（Wang，Jin，and Banister，2020；Briones，Bernal，and Nieves，2018；Peng and Heath，1996）。已有研究表明，无形资产比有形资产更重要。例如，孔伟杰（2012）研究发现，技术创新对企业转型升级有积极的正向影响。根据转型升级的含义可知，企业能否成功转型升级很大程度上取决于技术的更新和改进。因此，技术能力成为构建企业资源能力的一个非常重要的因素。此外，由于新兴经济体的市场化程度不高导致市场效率低下，资源配置还存在以政府直接分配和企业社会网络关系替代市场机制分配的状况。因此，在市场机制作用受到限制时，企业往往会通过非市场机制（政治关系和商业关系）来获取资源。在转型经济背景下，这种非正式的关系（Peng and Heath，1996）成为正式制度的一种替代。一方面，企业通过与其他企业的合作来获得竞争优势，如与供应商或者同行建立合作关系来降低交易成本和管理费用。另一方面，企业为了获取关键性资源与政府建立并保持良好的关系。虽然中国经过四十多年的改革开放，市场机制已经建立并逐渐成熟，但政府行为在一定程度上还将继续存在，对企业经营形成了不确定性（Peng, 1997）。为了降低经营的不确定性，企业在不同程度上会与政府保持良好的关系，而这种关系也为企业带来了更高的绩效（Peng and Luo，2000）。总而言之，企业与当地市场建立良好的关系能更便利地为企业带来好处，并实现可持续发展。在转型经济背景下的中国，企业的转型升级不仅涉及自身资源能力的开发，也涉及企业社会关系的建立，两种能力对企业行为都产生了影响。因此，本书从市场能力和非市场能力，即技术能力和关系能力两个维度来考察企业转型升级响应行为。

3.1.3　基于管理者认知的分析

从上文分析可知，即使企业处于同一制度环境中，但由于企业资源能力的不同，其转型升级响应行为也会有所不同。现有研究进一步发现，即使企业处于同一制度环境下，拥有相同的资源能力，但是其转型升级行为仍然出现了异质性，原因是什么，管理者认知理论可能会给出一个合理的解释。管理者认知源自行为决策理论（Cyert and March，1963）。近年来，战略管理领域的学者从个人、团队、组织甚至行业等多个层面，通过发展概念、方法和论据针对管理者认知展开了一系列的研究（Blettner et al.，2015；Surroca et al.，2016；Mccann and Bahl，2017；Bacon-Gerasymenko and Eggers，2019）。管理者认知被定义为"战略决策者进行战略决策时所运用到的认知模式和信念（即知识结构）以及认知过程"（Walsh，1995；Helfat and Peteraf，2015）。这些知识结构影响着管理者对市场变化的预知以及对不同战略选择内涵理解的偏差和探索，并最终影响其战略行为（Zacharias，Six，and Tock，2015）。同时，认知过程——关注、感知、推理和问题解决也是管理者认知的重要组成部分，管理者需要具有对扫描感知到的现象进行逻辑推理的能力，并有效地为组织选择适当的发展战略。企业转型升级行为是对外部环境作用的响应，其选择的一个重要基础在于决策者如何解读外部环境。Jackson 和 Duncan（1987）认为，组织对外部环境有不同反应的主要原因是决策者对战略问题的解释不同。管理者认知研究也表明，组织对外部环境变化的响应与管理者对外部环境的解释有关（Gröschl，Gabaldón，and Hahn，2019；Joseph，Klingebiel，and Wilson，2016；Kacperczyk，Beckman，and Moliterno，2015；Liu and Chen，2013）。例如，Marcel，Barr 和 Duhaime（2010）研究发现管理者对企业市场攻击行为的战略重要性主观解释越强，则采取报复行为的可能性越大，报复的速度也越快。此外，Sharma（2000）研究发现加拿大石油和天然气行业的高管将环境问题作为机会解释，这使他们采取主动行为去降低因环境问题而产生的负面影响。Nadkarni 和 Barr（2008）研究发现处于快速变化行业中的企业更倾向于对外部环境做出威胁解释，从而会更积极主动地采取策略应对环境的变化。

从管理者认知概念可知，管理者认知包括知识结构和认知过程两个方面。因此，战略决策者知识结构的整体性可以通过集中性和复杂性来刻画（Nadkarni and Narayanan，2007）。其中，知识结构的集中性是指决策者的知识结构是否围绕几个"核心概念"而建构（Eden，1992）；知识结构的复杂性则是指决策者知识结构的差别性和一体性（Walsh，1995）。战略决策者的认知过程主要涉及关注焦点和因果逻辑两个维度（Nadkarni and Barr，2008）。关注焦点是指决策中哪个或哪类概念占据管理者认知活动的中心位置；因果逻辑则体现了管理者对概念与概念之间逻辑关系的认识（Nadkarni and Barr，2008），决定着决策者对信息的理解、传播和运用，因而构成了决策的基础。Daft 和 Weick（1984）认为管理者解释就是战略决策者对事件进行解读并在组织中形成共享的理解和概念体系的过程。考虑到本书基于中国转型经济背景，本书认为制度复杂性的特征更需要管理者发挥主观能动性的作用，认为认知过程更能体现决策者对动态环境的管理能力，而因果逻辑是管理者对外部环境信息的一种推理或解释，并构成了决策者战略选择的重要基础。因此，管理者会将有限的精力分配在那些对企业有重大影响的事件上（Ocasio，1997）并做出判断，进而做出机会解释或者威胁解释（Dutton 和 Jackson，1987）。Dutton and Jackson（1987）对机会和威胁做出了具体阐述，其认为"机会"是指一种被管理者解释为积极的情况，在这种情况下存在获利的可能，且管理者是能够控制这种局面的；反之，"威胁"是指一种被管理者解释为消极的情况，在这种情况下存在发生损失的可能，且管理者对这种局面是无法控制的。因此，本书结合研究对象，认为管理者必须对外部环境做出判断和解释进而决定是否进行转型升级。所以，本书将管理者认知的机会解释和威胁解释作为主要维度来探讨制度逻辑和企业转型升级响应行为之间的关系。

　　基于上述分析，本书构建了一个概念模型，如图 3-1 所示，该模型以制度逻辑为自变量，以企业转型升级响应行为为因变量，以企业资源能力和管理者认知分别为中介变量和调节变量，主要用于检验制度逻辑与企业转型升级响应行为之间的主效应、企业资源能力对制度逻辑和企业转型升级响应行为之间关系的中介作用，以及管理者认知对制度逻辑和资源能力与企业转型升级响应行为之间关系的调节作用。

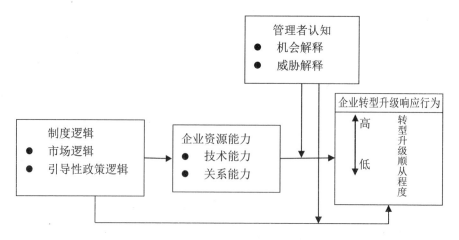

图 3-1　制度逻辑视角下企业转型升级响应行为的概念模型

本书参考 Oliver（1991）针对制度压力下企业做出的战略响应的分析，考察在制度压力下企业转型升级的顺从程度。

3.2　研究假设

根据上述概念模型，本书在现有文献基础上，对制度逻辑与企业转型升级响应行为之间的关系、企业资源能力对制度逻辑与企业转型升级响应行为之间关系的中介作用，以及管理者认知对制度逻辑和资源能力与企业转型升级响应行为之间关系的调节作用进行理论推导。

3.2.1　制度逻辑对企业转型升级响应行为的影响

自 2008 年国际金融危机发生以来，国际经济复苏缓慢，中国经济也步入了以中高速增长为特征的经济新常态。国内外经济形势发展不确定因素的增加，使得企业面临的外部经营环境高度动荡，企业利润降低，可持续发展受到挑战。与此同时，政府原有的产业政策安排也面临着改变。为了顺应新的经济发展形势，市场环境和制度环境需要进一步改善，即以市场配置资源为主、以政府调节为辅提高市场效率，进而让企业在激烈的市场竞争中实现更高的绩效，这也是企业转型升级的最终落脚点。关于企业转型升级，现有研究主要运用新制度理论考察了企业的同构行为。然而，制度环境的复杂性使企业需要对多中心性的制度来源做出响应，因而出现了行为异质性现象。制度逻辑理论在制度理论基础上发展而来，考察了制度多样性和多中心性特征对组织行为的影响。因此，运用制度逻辑理论分析转型经济背景下的中国企业战略行为可能有新的洞见。上文已经阐述，中国企业面临的最大制度情境就是同时存在市场逻辑和政府逻辑。因此，本书将分别对市场逻辑和政府逻辑（引导性政策逻辑）对企业转型升级响应行为的影响进行分析。

1. 市场逻辑对企业转型升级响应行为的影响

市场逻辑的核心是市场效率问题（Meyer et al.，2009）。如果市场是完全自由竞争的，则市场效率高，反之，则市场效率低（Zhao and Lounsbury，2016）。换言之，市场效率越高，则市场逻辑越强，相反，市场逻辑越弱（Zhao and Lounsbury，2016）。进一步地，市场效率越高，则越有利于经济增长（Peev and Mueller，2012）。为了实现社会主义经济的快速发展，中国自 20 世纪 70 年代末开始实施改革开放政策，提出建立社会主义市场经济体制。自此，中国开始从计划经济体制向市场经济体制转轨。随着改革开放的不断深入，市场在资源配置当中所起的作用越来越明显，而经济活动中的微观主体，包括国有企业和私营企业面临的市场压力则越来越大，尤其是国有企业，政府要求其实现自主经营、自负盈亏。没有了政府的保护和补贴，国有企业与私营企业一样成为市场经济的参与者和竞争者。因此，随着市场经济体制的不断完善以及市场化程度的不断提高，企业之间的竞争越来越激烈。在激烈的市场竞争环境下，生产效率低下的企业面临被淘汰的风险，资源会被重新优化配置，因而企业需要进行转型升级才有可能生存下来（Ding, Jiang, and Sun, 2016）。具体而言，市场逻辑越强，意味着企业受到政府的干预越少，因而企业自主经营程度越高。这样的市场环境有利于企业商品和服务交易的自由化，减少企业交易成本，从而促进其创业。与此同时，市场经济体制的完善使企业所获财产得到法律有效保护，激发了企业的创新动力，从而为社会创造更多的财富。因此，市场逻辑越强，企业越倾向于通过技术创新来保持自身的竞争优势（孙晓阳、詹祥，2016）。相反，市场逻辑越弱，即政府掌控市场资源的能力越强，企业自我变革的意愿越弱，越不利于企业转型升级（巫景飞、郝亮，2016）。总之，转型升级作为企业的一种战略变革行为，会受到市场环境的影响，即市场压力越大，企业转型升级的意愿越强。此外，随着中国经济进入新常态，以及信息技术和互联网技术的快速发展，市场环境变得越来越复杂，动荡性越来越高，如客户需求多样化、技术创新层出不穷、商业模式推陈出新、市场的集中性和多样性增强（Nadkarni and Barr, 2008），企业必须以市场为导向制定新的发展战略，否则容易陷入被动状态，进而影响企业经营绩效。进一步地，由于企业转型升级的绩效在很大程度上受到产业链上下游及其所在行业规范的影响，因此企业转型升级行为会受到所在行业规范的约束。例如，Jamali（2010）的研究显示，跨国公司在应对国际会计准则行业规范制度压力时，做出了顺从的战略反应。因此，当企业所属行业中的上下游企业都开始进行转型升级，即组织场域已经形成了新的市场规范，此时如果企业不及时跟进，则会影响其在行业的合法性地位，进而影响其绩效水平。另外，当一部分企业尤其是行业内的领袖企业率先完成了转型升级并获得了良好的绩效，且在一定范围内形成了区域制度扩散时（范如国、张应青、崔迎迎，2016；李捷、余东华、张明志，2017），企业上下游的相关利益群体对转型升级逐步达成共识，越来越多的企业开始认识并认同新的行业规范从而着手进行转型升级，即组织场域内逐步形成的新市场规范对其他企业产生了认知层面和规范层面的"同质化"作用，形成了同构压力。这意味着，如果企业不跟进行业内领先企业的战略行为，可能会给企业带来合法性的问题，进而影响企业的绩效水平，即效率问题。因此，在当今技术不断创新的动荡环境下，企业认为跟随行业内领袖企业的做法会获得更多的发展机会，从而选择跟进模仿战略（Benner and Ranganathan，2013）。简言之，为了获得相关利益者对企业合法性的支持，企业将会采取顺从或跟随战略，以便为企业营造一个良好的外部经营环境。因此，随着市场化程度的不断提高，企业所处的市场竞争环境会愈加激烈，其需要通过转型升级战略来实现可持续发展目标。

综上所述，本书提出了市场逻辑和企业转型升级响应行为之间关系的研究假设：

H1-1：市场逻辑强度与企业转型升级响应行为呈正相关关系。

2. 引导性政策逻辑对企业转型升级响应行为的影响

转型经济背景下，中国企业除了需要回应市场逻辑的要求，还需要回应政府逻辑的要求，这是由中国特殊情境决定的。政府逻辑在中国转型经济发展过程中发挥着重要的作用。为了实现经济结构调整和经济稳定增长目标，政府往往会制定各种政策，如引导产业结构调整与升级的产业政策。政府制定和出台的产业政策主要包括强制性政策和引导性政策（Huang and Sternquist，2007），其中以引导性政策居多。换言之，政府通过制定引导性政策对行为主体给予相应的激励，改变了行为主体的预期收益从而影响其行为选择。因此，政府往往通过制定财政补贴、税收减免、金融优惠、土地优惠等引导性政策来引导和鼓励企业积极进行转型升级。具体而言，引导性政策对企业转型升级的影响可以从两方面来分析。一方面，从合法性机制来看，虽然随着市场化程度的不断提高，政府对企业的影响逐渐降低，但现有市场规范水平与成熟市场规范水平还有一定差距，政府在一定程度上仍然对企业经营进行宏观调控。另一方面，从效率机制来看，由于行业内一部分企业率先进行了转型升级，原有的市场规范逐渐失去作用，而新的市场规范尚未完全建立，导致企业缺失了市场合法性。此时，企业与现有行业规范的背离可能导致资源获取成本上升甚至效率损失，但由于政府引导性政策在形塑企业行为和认知的同时，通过财政补贴、税收减免、金融优惠和土地优惠等措施可以对企业进行经济补偿，如对绩效水平高的转型升级企业"锦上添花"、对绩效不佳的转型升级企业"雪中送炭"，这可能强化或者扭转企业对转型升级行为经济效益的预期，进而成功引导企业选择转型升级响应行为。换言之，企业可以利用政府提供的财政补贴和税收减免等不同优惠政策来改善转型升级带来的资金短缺或者经济损失等问题（李蕊、周平，2012；张同斌、高铁梅；2012）。转型升级是一个庞大而复杂的工程，涉及企业技术创新和管理创新等多个方面，这些变革行动都需要投入大量的人力、物力和财力。因此，为了降低企业转型升级的风险，政府不仅从经济层面，而且从非经济层面如配套服务设施为企业提供了支持，为企业营造了一个公平竞争的经营环境。例如，政府为企业营造技术创新环境促进企业的技术创新活动（曾萍、邬绮虹、蓝海林，2014）。总之，政府提供的优惠政策越多，企业转型升级响应程度就越高。因此，在引导性政策逻辑下，企业为了提高绩效水平，其转型升级顺从程度会很高。总而言之，不管是考虑效率性还是合法性，企业大多可以通过转型升级获取政府引导性政策带来的关键性资源，进而实现其合法性地位，并获得竞争优势。

综上所述，本书提出了引导性政策逻辑和企业转型升级响应行为之间关系的研究假设：

H1-2：引导性政策逻辑强度与企业转型升级响应行为呈正相关关系。

3.2.2 资源能力对制度逻辑与企业转型升级响应行为之间关系的中介作用

学者采用不同的分析方法对制度逻辑与组织行为之间的关系进行了大量的研究，但是结论并不一致，有的甚至是矛盾的（Pache and Santos，2010；Qiu，Gopal，and Hann，2017）。为此，我们有必要厘清其背后的原因。现有研究主要从两个方面进行了探索，一是从不同理论视角进行理论适用性的探索，二是从不同理论整合的角度出发进行分析。本书采用第二方面的研究，原因是处于同一制度逻辑下的企业转型升级行为仍然出现了异质性。因此，仅考虑制度对企业转型升级的影响并不能得出合理的解释。为此，本书从制度逻辑理论出发，整合资源基础观，对转型经济背景下的企业转型升级行为异质性进行分析，以打开制度与企业转型升级响应行为之间的"黑箱"。

1.制度逻辑对资源能力的影响

不同制度逻辑要求赋予企业的机会和威胁，企业是否能及时抓住或者规避？企业又应该具备什么样的资源能力才能把握机会，规避风险？其具体的作用机制又是怎样的？这自然而然地转移到企业自身的资源能力上来。资源基础观认为，企业拥有的有价值的、稀缺的、难以模仿的和不可替代的资源是其获取竞争优势的源泉（Barney，1991）。该理论强调企业资源的异质性，且这种异质性的资源是不容易转移的。制度的复杂性和多元性特征使得企业需要对不同制度逻辑做出响应，而对中国企业来说，最重要的两大逻辑就是市场逻辑和政府逻辑（引导性政策逻辑）。因此，本书分别就这两种逻辑对企业资源能力的培育进行探讨和分析。

第一，市场逻辑对企业资源能力的影响。随着中国进一步加大改革开放步伐，市场进程化程度不断得到提高，企业所处的市场环境越来越公开透明。在一个信息比较充分的市场环境中，企业面临的竞争是十分激烈的。因此，为了提升企业绩效水平，实现可持续发展，企业必须拥有与外部市场环境相匹配的能力来应对诸多困难。一方面，复杂动荡的市场环境会提升企业的技术能力。首先，随着中国经济的快速发展，人民的生活水平不断提高，消费者对产品的需求也越来越多样化，大量定制化产品需求开始涌现。在此背景下，企业会更加注重对新产品、新工艺和新技术的开发，以此来满足客户不断变化的消费需求。因此，在复杂动荡的市场环境下，企业需要通过不断提升自身的技术能力来开发个性化产品，以便获得客户的认可。其次，在转型经济背景下，市场是分割而不是统一的。各级政府为了保护本地经济发展，对外来企业设置了诸多准入门槛，造成了同行的激烈竞争。因此，企业要想突破地域限制实现跨区域经营，就必须增强自身的技术能力，成为"行业专家"型企业（宋铁波、涂佩轩、吴小节，2013）。只有这样，企业才有可能被当地政府所接受，从而扩大市场规模，实现规模经济效应。此外，即使在一个垄断市场，产业的需求曲线弹性增加也会引起激烈的市场竞争，从而促使企业进行技术创新（Kamien and Schwartz，1970）。最后，信息技术和互联网技术的快速发展也为商业模式的创新带来了机遇，从而加快了企业技术创新的步伐。具体而言，信息技术和互联网的广泛运用，使生产者和消费者之间的信息沟通变得越来越公开透明。企业除了设计差异化产品以赢得客户忠诚度之外，还要不断创新商业模式，寻求新的利润增长点。随着中国电子商务的井喷式发展，新的商业模式不断出现，而商业模式的创新又离不开技术支撑。因此，企业为了获得更多消费者的认可和市场份额，会加大研发投入，以便开发和设计出能支撑新的商业模式运营的软件，并通过这些软件来分析顾客的消费行为、消费偏好和消费频率等，进而实行精准营销，从而提高企业绩效水平。例如，百度、腾讯和阿里巴巴三大互联网公司之所以能占据中国庞大的市场，与其强大的技术支撑是分不开的。总之，在市场逻辑下，要降低生产成本，保持竞争优势，企业技术能力的提升尤为重要。另一方面，复杂多变的市场环境培育了企业的关系能力。任何一个企业都是处于具体的社会关系之中的，每个行业的企业之间都有其网络关系。随着市场化程度的不断提高，企业之间的联系越来越紧密，供应商、经销商和竞争对手等之间相互影响并形成了一个巨大的商业网络，它们彼此之间相互合作、相互依赖，分别进行着生产、销售和服务等商业事务。因此，在复杂多变的市场经营环境中，企业只有融入某一个网络，才能及时获取相关信息，降低交易成本，提高运营效率。例如，中小企业在发展自身技术能力时会受到各种超出其控制的环境因素限制（Robertson and Paul，2003），因而需要借助网络中其他企业的帮助来完成技术升级。此外，转型经济背景下的中国企业处于一个特殊的情境，虽然经过改革开放四十多年的发展，市场经济体制逐渐成熟，但与成熟市场仍有较大差距。市场的不完善使得正式制度缺失，使得企业的合法权益可能受到侵害。基于对企业财产和利益的保护，为了获取更多关键信息和降低经营风险，企业必然会与政府相关部门建立良好关系。综上所述，本书提出如下 3 个研究假设：

H2-1：市场逻辑对企业技术能力有显著正向影响。

H2-2：市场逻辑对企业商业关系能力有显著正向影响。

H2-3：市场逻辑对企业政治关系能力有显著正向影响。

第二，引导性政策逻辑对企业资源能力的影响。由于市场存在失灵的现象，因此政府会通过税收补贴等优惠性政策弥补市场失灵给企业带来的损失。一方面，引导性政策会提升企业的技术能力。政府对企业的技术创新给予优惠性政策，如通过资助企业的研发活动来解决企业研发资金不足问题，这在一定程度上降低了企业的研发风险，提升了企业的技术创新能力（Czamitzki and Licht，2006）。转型经济背景下，政府政策具有风向标的作用，政府通过财政政策和税收政策为企业提供优惠，意味着企业有更多研发资金投入来实现技术能力的提升（肖文、林高榜，2014）。因此，政府对企业研发进行补贴，能有效刺激企业对研发投入的关注，进而提高其技术创新能力。同时，政府制定的一系列优惠政策为企业发展带来了契机。如果企业能得到这些优惠政策的支持，如金融优惠、税收减免和财政补贴等，不仅可以解决资金短缺问题，还能利用冗余资金进行扩张经营。为了得到这些优惠政策带来的好处，企业需要不断提升自身的技术能力。各级政府在进行经济增长考核竞赛时，更青睐拥有高技术水平的企业，然后通过招商引资的方式将此类企业引入当地市场，对本地区的产业结构调整和优化起示范作用（宋铁波、蓝海林、曾萍，2010）。因此，引导性政策不仅可以帮助企业提升技术能力，还能刺激企业积极主动地进行技术改造。另一方面，引导性政策对企业关系能力有形塑作用。转型经济背景下，正式制度的缺失或不健全，导致企业之间的交易成本昂贵。此时，非正式制度便成为正式制度的补充并发挥着重要作用。具体而言，虽然政府出台了不少优惠性政策，但并不是所有的企业都能享受，企业需要具备一定的条件才能获得。由于政府需要对企业进行筛选才能确定资助对象，因此企业要想获得政府提供的各种优惠政策，就必须与政府相关部门建立良好的合作关系，尤其是企业高管人员应与政府相关部门紧密联系和频繁互动，不仅可以更便利地享受政府给予的优惠性政策，而且还能为企业获取更多的异质性信息和关键性资源（Oliver，1991）。此外，政府不仅在经济层面上提供优惠政策，还从行业规范方面对企业进行引导，如通过监督和管理行业协会来引导企业的经营活动。此时，行业协会成为政府的代言人，对企业经营过程中的行为进行监督和管理。企业必须在行业协会制定的相关规定、规则下展开经营活动。因此，企业为了获得合法性会与行业内的相关企业形成紧密的商业网络关系。这种关系不仅能降低市场交易成本，还能为企业发展提供信息，帮企业实现资源共享（Walker，Kogut，and Shan，1997），因而更激发了企业融入这样一个强关系网络的动力。因此，在引导性政策逻辑下，企业不仅提高了自身的技术能力水平，而且建立了其与上下游企业之间的商业网络以及与政府相关部门之间的政治关系。综上所述，本书提出如下 3 个研究假设：

H3-1：引导性政策逻辑对企业技术能力有显著正向影响。

H3-2：引导性政策逻辑对企业商业关系能力有显著正向影响。

H3-3：引导性政策逻辑对企业政治关系能力有显著正向影响。

2. 资源能力对企业转型升级响应行为的影响

那么，企业要实现转型升级到底需要哪些资源能力？从前文对转型升级的归纳总结可知，企业转型升级涉及多个方面，如产品升级、市场拓展、产业转型、商业模式和管理创新等。学者主要从企业内部拥有的资源能力探讨了其转型升级的原因，如技术创新（Inge and Clase，2009）、企业文化（George and

Mckeown，2004）、学习能力（毛蕴诗、姜岳新、英伟杰，2009）、领导风格（张海涛、龙立荣，2015）和企业规模（孔伟杰，2012）等。不可否认，企业的这些资源能力对其转型升级产生了重要影响。然而，随着中国经济步入"增速换挡、结构优化、动力转换"发展新常态，无论是结构优化还是动力转换，都对企业转型升级提出了更高的要求。因而，有学者指出研发创新对处于转型升级中的中国企业意义重大，被视为一种重大战略投资（贺小刚、连燕铃、吕斐斐，2016）。从现实情况来看，中国企业要想实现产品和产业的转型升级，就必须向微笑曲线两端发展，而要实现价值链的转移，技术创新是不可忽视的一个关键能力。企业创新能力，包括企业创新投入和创新产出，是企业转型升级最关键的因素（孔伟杰，2012）。技术能力对中小企业的转型升级尤为重要。然而，中小企业的技术创新能力受到外部环境的限制，因此需要与其合作的公司提供技术升级相关的专业知识（Robertson and Paul，2003）。此外，为了提高绩效水平，企业的研发强度会更高（吕迪伟、蓝海林、陈伟宏，2018）。由此可知，技术能力对企业转型升级至关重要。企业具备了某些特定的技术能力就可以在不同区域、不同行业进行复制，但又不容易被他人模仿，从而获得持续竞争优势。同时，企业也可以借助技术创新为消费者提供定制化的产品，扩大现有市场份额，或者利用技术支撑实现管理创新和商业模式的创新。总之，企业的技术能力为转型升级奠定了坚实的基础。

另外，转型经济背景下，制度复杂性要求中国企业不仅要具备市场能力，还要具备非市场能力，以维持企业的竞争优势。随着市场经济发展步伐的加快，市场效率虽然有所提高，但纵观当前国际经济形势发展，复苏迹象并不明朗，还存在诸多不确定性因素，与此同时，国内经济增速也开始放缓。因此，为了保持国内经济的稳定增长，政府对经济活动的宏观调控还将在一定范围内长期存在。由此可见，企业要想获得高绩效和持续发展，非市场交易如关系型交易不可避免，这样才能获得更多企业发展所需的关键性资源。因此，企业的社会关系对企业转型升级和绩效提升有着重要的意义。在中国这样一个有着深厚文化底蕴的国家，人与人之间已形成了一个复杂的关系网络。因此，中国人最擅长经营关系，这些关系帮助企业降低了经营的不确定性，提高了企业的绩效水平（Peng and Heath，1996）。具体而言，转型经济背景下，由于正式制度的缺失，企业必须通过自身努力建立一些非正式制度，以此来获取市场信息、相关规则，推动合同的落实。因此，这种植根于企业之间的关系对企业的可持续发展发挥了重要作用。一方面，企业会与消费者、同行和供应商等建立良好的商业关系（Peng and Luo，2000），并将这些关系常规化、稳定化。具体而言，企业会与供应商建立良好的关系，从而获得高质量的原材料和优质服务等。同时，企业和消费者建立良好的关系可以提高消费者的忠诚度，提高销售额，实现稳定收益。进一步地，企业和同行建立良好的关系则可以促进合作，减少竞争，大大降低不确定性。总之，这些非正式关系会被企业充分挖掘，以减少交易成本，达到利益最大化目标。另一方面，企业为了获取关键性资源实现竞争优势，会与政府部门建立政治关系（Luo and Chen，1997）。政治关系作为一种稀缺资源，对其他资源具有互补和催化的作用。由于转型经济体市场机制的不完善，政府通常在资源配置和规则制定中充当非常重要的角色，因此政治关系成为企业获取关键性资源的一种途径。换言之，如果企业与政府部门建立了良好的政治关系，就可能获得发展所需要的重要资源。具体而言，当企业进行转型升级而缺乏资金时，可以通过政治关系获得更多银行贷款（Faccio，2006），还可以获得政府补贴和税收优惠等，从而解决企业资金短缺问题。此外，企业的政治关系还可以帮助企业实现市场准入，消除制度不完善带来的负面影响，尤其是民营企业受到政府设置的行业壁垒限制（于蔚，2013），如在关乎国计民生和自然资源垄断的行业，民营企业就很难获得准入资格。虽然随着市场化进程不断加快，政府对民营企业的经营准入资格放宽，但民营企业仍受到诸多限制。因此，民营企业获得政治关系对其转型升级，如跨行业或跨地区经营显得十分必要。同时，为了降低经营风险，企业必须与政府建立良好的合作关系，并通过这种关系获取相关政策信息，从而使合法权益得到保护，最终实现可持续发展。根据上述分析推理，本书提出如下 3 个研究假设：

H4-1：技术能力对企业转型升级响应行为有显著正向影响。

H4-2：商业关系能力对企业转型升级响应行为有显著正向影响。

H4-3：政治关系能力对企业转型升级响应行为有显著正向影响。

3. 资源能力对制度逻辑和企业转型升级起中介作用

对于中介变量的引入，Baron 和 Kenny（1986）认为，首先要求中介变量和自变量之间有较强的关系，其次中介变量和因变量之间也要有较强的关系。从上文理论推导和归纳分析可知，制度逻辑对企业资源能力有积极正向影响，企业资源能力对企业转型升级响应行为有积极正向影响。因此，按照 Baron 和 Kenny（1986）的观点，可以推断出资源能力在制度逻辑和企业转型升级响应行为之间起着中介作用。进一步地，根据制度逻辑被划分为市场逻辑和引导性政策逻辑两个维度，本书提出如下 6 个研究假设：

H5-1：技术能力在市场逻辑与企业转型升级响应行为之间起中介作用。

H5-2：技术能力在引导性政策逻辑与企业转型升级响应行为之间起中介作用。

H6-1：商业关系能力在市场逻辑与企业转型升级响应行为之间起中介作用。

H6-2：商业关系能力在引导性政策逻辑与企业转型升级响应行为之间起中介作用。

H7-1：政治关系能力在市场逻辑与企业转型升级响应行为之间起中介作用。

H7-2：政治关系能力在引导性政策逻辑与企业转型升级响应行为之间起中介作用。

3.2.3 管理者认知对制度逻辑与企业转型升级响应行为之间关系的调节作用

本书从管理者认知中的因果逻辑（机会解释和威胁解释）两个维度来解释制度逻辑和企业转型升级响应行为之间的关系。管理者对外部环境的解释其实是一种复杂的社会化行为。换言之，管理者的解释受到外部环境的影响和制约（Sharma，2000）。企业所处的特定环境，如企业所拥有的资源和面临的技术环境以及制度环境，对管理者的解释方向和内容将产生重要作用（Ocasio，1997）。具体而言，管理者认为外部环境对企业有利且能被控制，预测其会给企业带来利益，则会做出机会解释；反之，管理者认为外部环境对企业不利且难以被控制时，预计其会给企业带来损失，则会做出威胁解释（Jackson and Dutton，1988）。

1.机会解释和威胁解释对市场逻辑与企业转型升级响应行为的调节作用

转型经济背景下，市场环境是复杂多变的，尤其是随着信息技术的快速发展，新产品的开发和新的商业模式不断涌现，企业面临的任务环境高度动荡。在此情况下，企业管理者更需要为企业先前行为提供一个合理解释，并对下一步行动提供建议（Daft and Weick，1984）。管理者需要经历、测试和探索，解释外部环境会对企业造成什么样的影响，以确保企业在动荡环境下仍能保持竞争优势（Eisenhardt and Martin，2000）。因此，外部环境变化对企业来说既是机遇也是挑战，关键是企业管理者如何进行判断和解释。如前文分析，在市场逻辑情形下，当市场机制不健全时，市场经济自由度较低，市场效率不高，企业自主经营会受到一定的限制，企业的合法权益不能得到充分保护，商品和服务交易、融资状况和投资环境也存在诸多不确定的因素。此时，如果管理者选择转型升级则可能给企业带来风险进而损失绩效。相关研究表明，具有律师资格的 CEO（Lewis，Walls，and Dowell，2014）在面对快速变化的市场环境时高管会认为此种环境不可预测、不可控，害怕自己对市场的错误判断会导致企业绩效下滑甚至陷入倒闭的境地（Tracey，Phillips，and Jarvis，2011）。为了降低不确定性，高管通常会采取不变革的保守措施来应对（Hahn et al.，2014）。换言之，管理者认为在此环境下可控性较小，企业可能随时面临威胁，因而更倾向给出威胁解释，难以因外部市场的变化产生变革动力（陈伟宏、钟熙、宋铁波，2018）。然而，也有部分企业管理者具备企业家精神（陈明森、陈爱贞、张文刚，2012），他们认为此时企业进行转型升级会形成先发优势从而给企业带来超额利润。研究表明，新上任的 CEO 和具有 MBA 学位的 CEO 对市场环境的变化更倾向于做出机会解释，他们认为这种变化能给企业带来好处（Lewis，Walls，and Dowell，2014）。例如，面对技术创新压力，这类管理者认为转型升级会给企业带来新的机遇，从而主动处理好公司战略决策的对外宣传和解释，以提高外部环境变化的可控性（Yu and Ko，2008）。因此，复杂动荡的市场环境被这类企业管理者视作机会，即企业可以通过积极战略选择来提高环境的可控性进而提升企业的绩效。具体而言，企业管理者对外部环境做出机会解释，会增强市场逻辑对企业转型升级响应行为的正向作用；反之，企业管理者对外部环境做出威胁解释，则会削弱市场逻辑对企业转型升级响应行为的正向作用。

综上所述，本书提出如下两个研究假设：

H8-1：机会解释正向调节市场逻辑与企业转型升级响应行为之间的关系。

H8-2：威胁解释负向调节市场逻辑与企业转型升级响应行为之间的关系。

2.机会解释和威胁解释对引导性政策逻辑与企业转型升级响应行为的调节作用

转型经济背景下，企业既要回应来自市场逻辑的要求，也要回应来自政府的制度安排。政府为了鼓励和引导企业转型升级，制定和出台了一系列优惠性政策。具体而言，在引导性政策逻辑下，企业面临的制度约束具有弱意义上的合法性，侧重于对企业的引导，主要通过一系列优惠措施和配套服务为企业提供经济和政策方面的支持，在一定程度上弥补企业资金短缺的问题，帮助或协助企业提高绩效水平。因此，鉴于对合法性和效率性的考虑，企业会选择执行引导性政策。然而，政府出台的相关政策也会给企业经营带来不确定性和竞争性。研究表明，政府对企业的支持（如税收优惠、财政补贴）并未对企业创新起到明显的促进作用（孔淑红，2010；史安娜、李兆明、黄永春，2013），甚至会对企业的科技创新起抑制作用（余泳泽，2011）。因此，企业高管对引导性政策有不同的解释。企业管理者认为引导性政策要求可控，即认为这些政策是连续性的，而且能切实帮助企业改善经营状况，给企业带来长久好处，这意味着企业实现更高绩效的概率越大（White，Varadarajan，and Dacin，2003）。因此，管理者会做出机会解释。在这种心理暗示下，企业高管会增加资源投入，提升对风险的容忍度以及低估外部环境的复杂性，从而更多地考虑企业的长远发展而做出积极战略选择，即会更积极进行转型升级。相反，管理者认为引导性政策不可预测，即认为这类政策是暂时性的，可能缺乏连续性，而且扶持力度太小，以致无法提升企业发展所需的资源能力进而帮助企业获得更高的绩效。在此心理暗示下，即转型升级要投入大量的人力、物力和财力，且这种投入并不能保证企业在短期内取得较高的收益（杨京京，2012），管理者更加确定自己对转型升级的风险和不确定性的判断进一步扩大，这会降低其对企业风险和损失的容忍度，增强企业的危机感。因此，管理者会倾向做出威胁解释，从而抵制转型升级甚至进行逆升级。因此，管理者做出机会解释会提升企业对转型升级风险的容忍度和对未来收益的可控性，因而增强了引导性政策逻辑和企业转型升级响应行为之间的正向关系；相反，管理者做出威胁解释时则会降低企业对转型升级风险的容忍度和对未来收益的预期，因而削弱了引导性政策逻辑与企业转型升级响应行为之间的正向关系。综上所述，本书提出如下两个研究假设：

H9-1：机会解释正向调节引导性政策逻辑与企业转型升级响应行为之间的关系。

H9-2：威胁解释负向调节引导性政策逻辑与企业转型升级响应行为之间的关系。

3.2.4　管理者认知对资源能力与企业转型升级响应行为之间关系的调节作用

转型经济背景下，制度的复杂性塑造了企业的技术能力和关系能力，从而支撑了企业的转型升级，使企业获得了竞争优势。因此，企业的技术能力和关系能力对企业的转型升级至关重要。然而我们发现，仍然有不少企业在具备较强的资源能力的情况下并未实施转型升级。这背后的原因是什么？现有研究表明，管理者对企业的战略选择有重要影响（Cao，Simsek，and Zhang，2010）。因此，为了明确资源能力对企业转型升级影响的作用边界，本书引入管理者解释（机会解释和威胁解释）来分析其对资源能力与企业转型升级响应行为之间关系的调节作用。

1. 机会解释对资源能力与企业转型升级响应行为的调节作用

管理者的机会解释是管理者认为外部环境变化对企业有利且能被控制，预测外部环境的变化会给企业带来好处而做出的一种解释。一方面，管理者的风险偏好对企业战略决策有重要影响。研究表明，过度自信的 CEO 更倾向于采取探索型战略（陈伟宏等，2019），如新市场的进入、多元化经营和研发创新等风险性决策。可见，基于对现有市场信息的掌握和对市场趋势的预测，偏好风险的高管更倾向做出机会解释，从而更积极地采取战略变革行为。Tang，Li 和 Yang（2015）研究也表明，CEO 过度自信对企业创新有正向影响。此外，管理者的机会解释会提高其对外部环境模糊性和复杂性的容忍度，从而快速做出战略决策以提高企业效率。另一方面，转型升级可能为企业带来高绩效水平和行业领袖的地位，因而提高了管理者对外部环境变化的容忍度，从而使管理者做出机会解释。如企业通过引进新的生产线，比竞争对手更快地推出新产品，增加了产品的附加值，提高了企业效益。此外，还有一些企业通过价值链地位的提升获得了更丰厚的利润，或者将一种产业的技术运用到另一种产业，通过跨行业经营实现了规模经济效应。相关研究表明，转型升级为企业带来了竞争优势，提高了企业的绩效水平（程虹、刘三江、罗连发，2016；杨桂菊等，2017）。此外，部分标杆企业率先在行业内进行转型升级形成了制度扩散（孙理军、严良，2016），不仅提升了企业的声誉，还提高了企业的效益。转型升级带来的诸多好处，使行业内其他企业的管理者更倾向做出机会解释，进而也积极进行转型升级。因此，企业管理者做出机会解释会增强资源能力对企业转型升级响应行为的正向影响。综上所述，本书提出如下 3 个研究假设：

H10-1：机会解释正向调节技术能力与企业转型升级响应行为之间的关系。

H10-2：机会解释正向调节商业关系能力与企业转型升级响应行为之间的关系。

H10-3：机会解释正向调节政治关系能力与企业转型升级响应行为之间的关系。

2.威胁解释对资源能力与企业转型升级响应行为的调节作用

管理者的威胁解释是管理者认为外部环境变化对企业不利且难以被控制，预测环境变化会给企业带来损失而做出的一种解释。研究表明，管理者的风险偏好和管理素质会影响企业的战略决策（刘亚伟、张兆国，2016）。如果企业管理者厌恶风险，他们则会对外部环境变化做出威胁解释。因为转型升级本身是一项风险很高的业务活动，它涉及企业的各个方面，如产品研发、生产和服务体系的更新、跨行业或跨区域经营等。这些经营活动都需要投入大量的人力和财力，而这些投入很有可能成为"沉没成本"，这加剧了管理者对转型升级风险的判断。此外，由于现有的资源能力为企业带来了较好的收益和良好的声誉，这会让企业管理者认为现有的管理方法和运营模式是与企业发展相匹配的，因而管理者会更依赖组织现有惯例或程序而不愿意改变现状，而转型升级有可能改变企业现有的组织惯例或程序，要求管理者提高管理水平和管理素质来应对变化，这会使管理者一时难以适应新的变化从而抵制转型升级。因此，管理者对外部环境变化更倾向于做出威胁解释，尽力避免做出降低企业绩效水平的风险性决策，而更有可能采取降低成本和促销等短期盈利计划（Oh，Chang，and Cheng，2016）来维持现有收益水平，而不是采取高度不确定的转型升级行为。相关研究表明，战略变革降低了企业的短期绩效水平（Naranjo-Gil，Hartmann，and Mass，2008）。因此，出于对现有绩效水平和对企业声誉的维护，管理者对外部环境变化表现出回避倾向，因而不可能采取战略变革行为。换言之，管理者对外部环境变化做出威胁解释，则会削弱企业资源能力和转型升级响应行为之间的正向关系。综上所述，本书提出如下3个研究假设：

H11-1：威胁解释负向调节技术能力与企业转型升级响应行为之间的关系。

H11-2：威胁解释负向调节商业关系能力与企业转型升级响应行为之间的关系。

H11-3：威胁解释负向调节政治关系能力与企业转型升级响应行为之间

的关系。

3.2.5　市场逻辑与引导性政策逻辑兼容关系对企业转型升级响应行为的影响

企业在具体情境中面临的不是单一的制度逻辑，而是两种或两种以上的制度逻辑（Besharov and Smith，2014）。市场逻辑强调的是效率性，引导性政策逻辑强调的是弱意义的规范合法性，其最终追求的目标也是效率性。因此，两种逻辑的目标是一致的，因而形成的是一种兼容互补关系，而非冲突替代的关系。具体而言，在市场逻辑和引导性政策兼容的情形下，随着市场程度逐步提高，新的市场规范正在形成。部分企业尤其是行业内的标杆企业率先进行了转型升级并取得了较高的绩效，其行为在相关组织场域内形成了制度扩散（孙理军、严良，2016；余东华、水冰，2017），即对组织场域内的其他企业产生了认知层面和规范层面的"同质化"作用。例如，当面对技术创新浪潮时，企业认为跟随行业内领袖企业的做法会获得更多的发展机会，从而选择跟进模仿战略（Benner and Ranganathan，2013）。新的市场制度规范在组织场域内已形成一定约束作用下，企业开始着手转型升级，然而制度环境的复杂性使企业要生存下来必须先获得合法性（Stevens，Xie，and Peng，2016；Lu et al.，2013；Yang et al.，2015）。此时，贯彻落实政府的引导性政策不仅可以让企业实现政策安排的合法性，而且能帮助企业在新的市场制度规范下实现更高的绩效水平，从而达到合法性和效率性的统一。此时，两种制度逻辑的期望和目标达成了统一，形成了两种逻辑兼容互补的结果。兼容性的制度逻辑关系对企业产生了强大的制度压力，并通过合法性机制与效率机制共同影响企业的战略响应行为。换言之，一方面，企业选择转型升级有利于其获得来自政府的合法性与来自市场的合法性，进而将合法性作为战略性资源进一步获取持续发展所需要的其他资源；另一方面，企业利用政府优惠性政策有利于其提升转型升级的经济效益，企业对市场逻辑的认可有利于降低转型升级运营过程中的交易成本，企业利用行业规范加强与上下游企业的协作，可以赢得协同效应，从而提升企业总的绩效水平。总之，当市场逻辑的目标与引导性政策的目标一致时，即当市场逻辑和引导性政策两种制度逻辑形成的是兼容关系而不是竞争关系时，企业转型升级顺从程度更高。综上所述，本书提出如下假设：

H12：市场逻辑和引导性政策逻辑兼容关系对企业转型升级响应行为有正向影响。

上文在制度逻辑、资源基础观和管理者认知基础上，经过归纳和推理得到了 28 个假设，如表 3-1 所示。

表 3-1　本研究假设汇总表

类　别	假　设	研究假设内容	预期符号
制度逻辑效应	H1-1	市场逻辑强度与企业转型升级响应行为呈正相关关系	＋
	H1-2	引导性政策逻辑强度与企业转型升级响应行为呈正相关关系	＋
企业资源能力中介效应	H2-1	市场逻辑对企业技术能力有显著正向影响	＋
	H2-2	市场逻辑对企业商业关系能力有显著正向影响	＋
	H2-3	市场逻辑对企业政治关系能力有显著正向影响	＋
	H3-1	引导性政策逻辑对企业技术能力有显著正向影响	＋
	H3-2	引导性政策逻辑对企业商业关系能力有显著正向影响	＋
	H3-3	引导性政策逻辑对企业政治关系能力有显著正向影响	＋
企业资源能力中介效应	H4-1	技术能力对企业转型升级响应行为有显著正向影响	＋
	H4-2	商业关系能力对企业转型升级响应行为有显著正向影响	＋
	H4-3	政治关系能力对企业转型升级响应行为有显著正向影响	＋
	H5-1	技术能力在市场逻辑与企业转型升级响应行为之间起中介作用	———
	H5-2	技术能力在引导性政策逻辑与企业转型升级响应行为之间起中介作用	———
	H6-1	商业关系能力在市场逻辑与企业转型升级响应行为之间起中介作用	———
	H6-2	商业关系能力在引导性政策逻辑与企业转型升级响应行为之间起中介作用	———
	H7-1	政治关系能力在市场逻辑与企业转型升级响应行为之间起中介作用	———
	H7-2	政治关系能力在引导性政策逻辑与企业转型升级响应行为之间起中介作用	———

续　表

类　别	假　设	研究假设内容	预期符号
管理者认知调节效应	H8-1	机会解释正向调节市场逻辑与企业转型升级响应行为之间的关系	+
	H8-2	威胁解释负向调节市场逻辑与企业转型升级响应行为之间的关系	－
	H9-1	机会解释正向调节引导性政策逻辑与企业转型升级响应行为之间的关系	+
	H9-2	威胁解释负向调节引导性政策逻辑与企业转型升级响应行为之间的关系	－
	H10-1	机会解释正向调节技术能力与企业转型升级响应行为之间的关系	+
	H10-2	机会解释正向调节商业关系能力与企业转型升级响应行为之间的关系	+
	H10-3	机会解释正向调节政治关系能力与企业转型升级响应行为之间的关系	+
管理者认知调节效应	H11-1	威胁解释负向调节技术能力与企业转型升级响应行为之间的关系	－
	H11-2	威胁解释负向调节商业关系能力与企业转型升级响应行为之间的关系	－
	H11-3	威胁解释负向调节政治关系能力与企业转型升级响应行为之间的关系	－
两种逻辑关系效应	H12	市场逻辑和引导性政策逻辑兼容关系对企业转型升级响应行为有正向影响	+

3.3　本章小结

本章首先在第 2 章文献综述的基础上提出了本书的概念模型；其次，本书基于相关理论及研究文献依次提出市场逻辑强度对企业转型升级响应行为影响的假设；引导性政策逻辑强度对企业转型升级响应行为影响的假设；技术能力和关系能力在市场逻辑与企业转型升级响应行为之间起中介作用的假设；技术

能力和关系能力在引导性政策逻辑与企业转型升级响应行为之间起中介作用的
假设；机会解释和威胁解释对市场逻辑与企业转型升级响应行为之间关系具有
调节作用的假设；机会解释和威胁解释对引导性政策逻辑与企业转型升级响应
行为之间关系具有调节作用的假设；机会解释对技术能力、关系能力和企业转
型升级响应行为之间关系具有调节作用的假设；威胁解释对技术能力、关系能
力和企业转型升级响应行为之间关系具有调节作用的假设；市场逻辑和引导性
政策逻辑兼容关系对企业转型升级响应行为影响的假设，共 12 组 28 个假设。
这 28 个假设旨在解决制度逻辑视角下企业转型升级响应行为的动机和作用机
制，为第 4 章和第 5 章的实证检验提供了理论基础。

第4章 研究设计与方法

为了对制度逻辑与企业转型升级响应行为之间的关系与作用机制进行量化分析，本书采用定量实证研究方法对研究假设进行了验证。本书涉及的制度逻辑、管理者认知、资源能力和转型升级响应行为等变量无法通过二手数据直接测量，因此本书使用通过企业问卷调查方法收集的大量一手数据来测量所涉及的研究变量。下面将从问卷设计（包括问卷设计过程和问卷的基本内容）、变量测量、问卷的小样本测试、大样本数据的收集和描述性分析，以及主要数据的分析方法展开论述。

4.1 问卷设计

4.1.1 问卷设计过程

问卷调查法（简称"问卷法"）是管理学定量研究中最普及的方法，这种方法成本不高，在实地研究中是最经济的收集第一手数据的方法。设计科学合理的调查问卷是确保研究内容信度和效度的前提条件。为了保证本书调查问卷的效度和信度，本书设计调查问卷的步骤如下。

首先，检索制度逻辑、资源能力、管理者认知、企业转型升级等相关文献，尽量使用发表在国内外权威期刊上在已有研究中被反复使用的成熟量表来形成本书的初步调查问卷。因为这些在文献中占有显著地位的量表一般具有较高的信度和效度。

其次，著者向自己所在研究团队的导师以及与本团队有密切联系的高校教师、本学院的三位教授和十多名博士研究生就初步形成的问卷题项的合理性与措辞准确性等方面进行了咨询；同时对浙江大学、中山大学和广东外语外贸大学的专家学者，以及制造业企业和高新技术企业的多名高层管理人员进行了访谈，就调查问卷的准确性、关联性、简洁性等进行了讨论。

再次，问卷预测试及修改。为了获得高质量的问卷数据，就要尽可能避免出现由于调查问卷题项的语言表述歧义所导致的被试者错误填写问卷而最终影响问卷数据效度的问题。根据问卷研究的经典文献以及基于问卷调查数据发表在国际顶尖期刊上的论文所使用的预测试方法，本书采用预测试的方法对前述初步形成的调查问卷的内容进行初步检验。预测试对象是与著者关系比较密切的5家企业的高管。在进行预测试之前，著者提前一周与潜在预测试对象进行了联系，并说明了本书的研究目标与预测试内容。著者采用面对面的访谈方式进行预测试，由5家企业的高管现场填写问卷。面对面访谈的目的是验证本书的初步思路，检查调查问卷中的各个变量的测量和实际是否相符，以及判断不同人员对相同题项的理解是否具有一致性（吴航，2014）。

最后，小规模预调研及修改，即对经过前面修改后的调查问卷进行预调研以最终确定正式问卷。通过小样本测试对调查问卷的测度题项进行检验，以删除不合理的题项，从而形成最终的正式调查问卷（吴航，2014）。预调研的选择范围主要是广东、北京、上海等地，调研对象是这些地方的一百多家企业。

4.1.2　问卷的基本内容

本书的调查问卷设计主要围绕制度逻辑（市场逻辑和引导性政策逻辑）、管理者认知（机会解释和威胁解释）、企业资源能力（技术能力和关系能力）以及企业转型升级展开。本书根据前述的概念模型与研究假设，进而确定了调查问卷中需要操作化测度的变量。

本书的调查问卷包括以下五方面内容：

（1）企业问卷填写者的基本信息。

（2）制度逻辑。

（3）管理者认知。

（4）企业资源能力实际情况。

（5）企业转型升级实际情况。

4.2　变量测量

4.2.1　制度逻辑

随着中国经济步入新常态，国际经济形势仍动荡不安，企业面临的外部环境越来越复杂多变，市场竞争进一步加剧。转型经济背景下，中国市场的完善程度与成熟市场仍有一定的差距。例如，企业的自主经营、投资自由度、商品和服务的自由买卖以及融资自由等方面受到不同程度的限制，加上国内并未形成统一的市场，仍然处于分割状态（蓝海林，2013），这使得部分企业获得了垄断优势，进而加剧了同业竞争的激烈程度。大部分未获得垄断优势的企业必须通过转型升级来缓解市场带来的压力，如通过技术创新提高产品质量、满足客户多样化的需求和创新商业模式等来实现竞争优势。此外，由于中国经济增速放缓，原来的粗放型经营模式已不再适应新的经济形势发展。为了保持原有的经济发展水平，政府通过产业结构调整、动力转换来引导企业转型升级，并制定和出台了一系列优惠性政策，如为企业提供必要的生产要素、税收减免、融资优惠、优质服务以及规范行业协会发展等来引导和协助企业转型升级，进而提高企业的绩效水平，最终达到经济稳定发展的目标。具体而言，为了推动企业转型升级，中央政府和地方政府制定了相关扶持政策。例如，为了推动制造业转型升级，2016 年《国务院关于深化制造业与互联网融合发展的指导意见》的印发，为制造业与互联网融合发展指明了方向。同年，《国务院关于煤炭行业化解过剩产能实现脱困发展的意见》指出，地方政府要从财政专项补贴和金融支持等方面对困难企业进行资金支持，以便使其实现转型升级。为响应中央政府关于企业转型升级的号召，地方政府出台了一系列鼓励性政策，如广东省东莞市为促进产业转型升级，于 2018 年出台了《进一步扶持非公有制经济高质量发展的若干政策》来推动非公有制经济发展，具体包含 50 项举措 160 项具体任务。为促进毛衫产业转型升级，东莞大朗镇于 2021 年制定了《大朗镇国家外贸转型升级专项资金管理办法》。此外，浙江省绍兴市政府于 2015 年出台了《绍兴市人民政府办公室关于创新财政支持经济发展方式加快设立政府产业基金的意见》，2016 年又制定了《关于加快经济转型升级的若干政策意见》，两个文件主要指出政府应从税收、金融以及资金奖励等方面促进企业转型升级。可以看出，政府为促进企业转型升级，从税收、金融、行业规范和公共服务等方面制定了一系列政策。可见，转型经济背景下，中国企业既面临着来自市场的转型升级压力，也面临着政府的一系列转型升级政策安排，两种不同逻辑下的制度压力构成了中国企业当前面临的外部经营环境。企业只有通过转型升级，才有可能获得竞争优势，从而实现可持续发展。

因此，本书分别从市场逻辑和引导性政策逻辑两方面来考察企业转型升级制度压力下的外部经营环境。其中，市场逻辑是指由一系列核心思想、实践和政策建议构成的制度，这种制度被用来保护个人追求经济利益的自由，并为经济和社会问题提供自由市场的解决方案（Campbell and Pedersen，2001），其量表来自 Zhao 和 Lounsbury（2016）与 Meyer 等（2009）的研究。引导性政策逻辑是指政府通过制定一系列具有规制性的政策来引导企业的行为和认知，引导行为主体做出相应决策以达到既定目标的弱意义合法性规范制度。引导性政策逻辑量表来自 Chen 等（2009），Xu，Dan 和 Beamish（2004）以及冯天丽、井润田（2009）的研究。制度逻辑的量表如表 4-1 所示，该量表主要由12个题项构成。本书采用的制度逻辑量表是李克特量表，该量表由一组陈述组成，每一陈述有"非常同意、同意、不一定、不同意、非常不同意"五种回答，分别记为 5、4、3、2、1，每个被调查者的态度总分就是他对各道题的回答所得分数的加总，这一总分可说明他的态度强弱或他在这一量表上的不同状态。

表 4-1　制度逻辑构念维度划分与测量

维　度	编　号	测量题项	量表来源
市场逻辑	ML1	公司按国家规定建立并能实现自主经营	Zhao 和 Lounsbury（2016）；Meyer 等（2009）
	ML2	公司的合法权益能通过落实合同来实现	
	ML3	公司所在地的投资环境是自由、透明和公平的	
	ML4	公司所在地的商品和服务交易可以不受地域限制实现自由买卖	
	ML5	公司所在地银行和其他金融机构能有效提供储蓄、信贷、支付和投资等服务	
	ML6	公司可以采取减员增效的办法提高经济效益	

续　表

维　度	编　号	测量题项	量表来源
引导性政策逻辑	GL1	公司所在地政府为公司提供了必要的生产要素支持，如土地、资金、人才、技术等	Chen 等（2009）；Xu，Dan 和 Beamish（2004）；冯天丽、井润田（2009）
	GL2	公司所在地政府为公司提供了较好的服务措施，如用工支持、员工培训、政府审批配套服务等	
	GL3	公司所在地政府为公司提供了各类优惠政策，如行政事业性收费减免、贷款利率优惠、税收减免、宣传费减免等	
	GL4	公司所在地政府支持科技创新，完善社会服务	
	GL5	公司所在地政府能规范行业协会、商会等组织的发展	
	GL6	公司所在地政府能帮助公司实现合法权益	

4.2.2　管理者认知

管理者认知包括管理者的认知结构和认知过程，本书仅涉及认知过程中的管理者解释。现有文献主要运用文本分析对管理者认知进行了分析，并且集中在对认知结构的研究（Nadkarni and Perez，2007；杨林、俞安平，2016），或者对管理者关注焦点（Eggers and Kaplan，2009；Nadkarni and Barr，2008）的研究上。由于管理者解释是管理者对所搜集的信息进行深层次的分析和解读，因此用文本分析不能很好地挖掘管理者对信息的解读和判断。现有研究对管理者解释的测量基本都是采用问卷调查的方式（Thomas and Mcdaniel，1990；White，Varadarajan，and Dacin，2003；Plambeck，2012）。因此，本书也采用问卷调查的方式获取数据进行研究。具体而言，本书的管理者解释包括机会解释和威胁解释两个维度（Dutton and Jackson，1987）。其中，机会解释是指管理者对经营环境变化解释为积极的情况，他们认为企业在这种情况下存在获利的可能，且能够控制这种局面；威胁解释是指管理者对经营环境变化解释为消极的情况，他们认为企业在这种情况下存在发生损失的可能，且无法控制这种局面。管理者解释的问卷调查量表主要参考 Thomas 和 Mcdaniel（1990），White，Varadarajan 和 Dacin（2003），Dutton 和 Jackson（1987）以及 Jackson 和 Dutton（1988）的相关研究，具体的测量指标如表 4-2 所示，该量表包括 10 个题项。本书测量管理者认知的量表使用的是李克特量表。

表 4-2 管理者认知的测量

变 量	编 号	测量题项	量表来源
机会 解释	OE1	经营环境变化能让公司未来有更大发展空间	Thomas 和 Mcdaniel（1990）；White，Varadarajan 和 Dacin（2003）；Jackson 和 Dutton（1987）；Dutton 和 Jackson（1988）
	OE2	经营环境变化能提高公司对外部环境的控制	
	OE3	经营环境变化能给公司带来更多发展机会	
	OE4	经营环境变化能使公司获得比当前更大的收益	
	OE5	经营环境变化所产生的风险和损失是可控的	
威胁 解释	TE1	经营环境变化会使公司产生损失	Thomas 和 Mcdaniel（1990）；White，Varadarajan 和 Dacin（2003）；Jackson 和 Dutton（1987）；Dutton 和 Jackson（1988）
	TE2	经营环境变化会给公司带来负面影响	
	TE3	经营环境变化会使公司遭受重大利润损失	
	TE4	经营环境变化会限制公司未来发展空间	
	TE5	经营环境变化会降低公司对外部环境的控制	

4.2.3 企业资源能力

本书中的企业资源能力包括技术能力和关系能力（商业关系能力和政治关系能力）两个维度。其中，技术能力是指企业进行技术变革、技术开发和新产品或服务开发以及采用先进的制造和服务工艺、设施等方面的能力（Day，1994；Song et al.，2005；De Sarbo et al.，2005）。收集企业技术能力数据的收集方式现在主要有主观和客观两种，其中客观方式是采集二手数据进行测量，如以企业拥有的专利数量、研发投入占销售额的比例（即研发密度）以及科研人员占总人数的比例等为代理变量（田家欣，2007）。由于这些数据来自企业的财务报表，并不会被随便公开，而且比较敏感，因此不容易获取。因此，本书采用主观收集数据的方法，即采用问卷调查的方式收集企业的技术能力数据。企业技术能力量表主要来自 Day（1994）的研究，如表 4-3 所示，该量表主要由 6 个题项构成：公司具备很强的开发新产品和新服务的能力，公司具备先进的生产和服务工艺流程，公司具备很强的引进和学习新技术的能力，公司具备很强的预测行业技术发展趋势的能力，公司具备先进的生产和服务设施，公司具备很强的控制产品和服务质量的能力。此外，企业在发展过程中会与外部相关利益者建立关系，一种是商业关系，主要是指企业与供应商、经销商、同行竞争者和消费者之间建立的关系；另一种是政治关系，主要是指企业与政府相关部门建立的关系。在转型经济背景下，政府的支持对企业的发展不可忽视。企业与政府相关部门建立的关系可以帮助企业获得发展的关键性资源，如技术、土地、税收减免和优惠贷款等。因此，本书将政治关系能力作为企业的资源能力的一个维度进行考察。本书借鉴 Peng 和 Luo（2000）的研究，将商业关系能力定义为企业与上下游供应商、经销商、同行竞争者和消费者建立关系并管理这些关系的能力；政治关系能力是指企业与政府部门、政府监管部门和政府执法部门建立关系并管理这些关系的能力。关系能力量表如表4-3 所示，该量表共有 6 个题项：公司能与上下游供应商建立并保持良好的关系，公司能与消费者建立并保持良好的关系，公司能与同业竞争者建立并保持良好的关系，公司能与政府各部门建立并保持良好的关系，公司能与产业监管部门建立并保持良好的关系，公司能与税务、工商等行政执法部门建立并保持良好的关系。本书的资源能力量表采用的是李克特量表。

表 4-3　企业资源能力构念维度划分与测量

维　度	编　号	测量题项	量表来源
技术能力	TC1	公司具备很强的开发新产品和新服务的能力	Day（1994）
	TC2	公司具备先进的生产和服务工艺流程	
	TC3	公司具备很强的引进和学习新技术的能力	
	TC4	公司具备很强的预测行业技术发展趋势的能力	
	TC5	公司具备先进的生产和服务设施	
	TC6	公司具备很强的控制产品和服务质量的能力	

续 表

维 度	编 号	测量题项	量表来源
关系 能力	RC1	公司能与上下游供应商建立并保持良好的关系	Peng 和 Luo （2000）
	RC2	公司能与消费者建立并保持良好的关系	
	RC3	公司能与同业竞争者建立并保持良好的关系	
	RC4	公司能与政府各部门建立并保持良好的关系	
	RC5	公司能与产业监管部门建立并保持良好的关系	
	RC6	公司能与税务、工商等行政执法部门建立并保持 良好的关系	

4.2.4 企业转型升级

本书的因变量是企业转型升级。关于转型升级的研究比较丰富，但先前研究未有量表测量转型升级。近年来，有学者在已有研究的基础上，通过扎根理论方法，结合中国企业转型升级情况开发了企业转型升级的测量量表（张大鹏、孙新波、钱雨，2017；孔伟杰，2012）。企业转型升级是指企业在外部环境复杂多变的情境下为实现持续竞争优势，不断提高产品和服务的附加值，改进和更新现有组织结构、管理模式、商业模式以及进入新行业或新领域的变革过程。因此，本书借鉴张大鹏、孙新波、钱雨（2017）以及孔伟杰（2012）的研究成果对企业转型升级进行测量如表 4-4 所示，该量表主要包括 18 个测量题项。本书的企业转型升级量表采用的是李克特量表。

表 4-4　企业转型升级的测量

变　量	编　号	测量题项	量表来源
转型升级	TU1	公司研究和开发了新产品	张大鹏、孙新波、钱雨（2017）；孔伟杰（2012）
	TU2	公司对原有产品进行了升级改造	
	TU3	公司采取措施提升了品牌的影响力	
	TU4	公司加大了研发投入并加强了研发管理	
	TU5	公司拓展和扩大了原有产品的市场份额	
	TU6	公司业务实现了从低端市场向高端市场的发展	
	TU7	公司在巩固原主营业务的基础上拓展了本行业以外的业务	
	TU8	公司向上游和下游产业进行了拓展和延伸	
	TU9	公司为扩大自身业务和其他行业的企业结成联盟	
	TU10	公司对原来的生产模式进行了改进和创新	
	TU11	公司对原来的经营模式和盈利模式进行了调整	
	TU12	公司利用互联网等现代手段改进了服务体系	
	TU13	公司利用精益管理对管理体制进行了创新	
	TU14	公司加强了内部控制与管理	
	TU15	公司改进了职责流程体系	
	TU16	公司建立了新技术融合平台	
	TU17	公司实现了管理结构的重组	
	TU18	公司转变了资本融资结构	

4.2.5　控制变量

本书主要研究制度逻辑视角下的企业转型升级响应行为，除了制度环境、企业资源能力和管理者认知会影响企业转型升级响应行为外，本书还应考虑其他因素对企业转型升级响应行为的影响，如企业规模、行业性质、企业所有制性质和管理者教育水平等。虽然这些因素不是企业转型升级的重要影响因素，但已有研究发现这些因素对企业转型升级有一定的影响，因此在研究时需要将其考虑进去。①企业规模。一般情况下，企业规模越大，企业越能够拥有更多的资源支持其进行战略变革，从而提高企业绩效。现有研究主要将企业销售总额、员工总数、投资总额等不同指标作为企业规模的控制变量，鉴于相关财务统计数据难以真实获取，本书将员工总数作为企业规模的控制变量。②行业性质。企业所属行业不同会影响其战略变革行为，例如制造业和服务业在产品研发投入、市场策略和商业模式等方面有所差异，这些也会对企业的战略选择产生不同影响。本书将行业分为制造业和非制造业两个类别进行考察。③企业所有制性质。企业所有权不同也会影响企业的战略选择。现有研究表明国有企业面对公众对环境保护的诉求倾向于采取实质性策略，而私营企业则因为绩效问题更多地采取象征性策略（猴倩雯、蔡宁，2015）。本书采用国有企业和非国有企业两个类别进行测量。④管理者教育水平。本书将管理者的教育水平分为三类进行测量，分别是研究生及以上、大学本科或专科及专科以下。

4.3　问卷的小样本测试

为了检验调查问卷的适用性，在实施大规模的问卷发放举措前，本书需要对调查问卷做小样本预检验，据此对调查问卷的内容进行调整，从而得到简洁而有效的各变量的操作化测量量表。

4.3.1　小样本的分析方法

在预测阶段，本书通过对小样本数据做信度和效度评价来筛选各变量的测度题项。信度也被称为一致性或可靠性，是指量表测量的稳定性和一致性，测量结果反映的是系统变化的程度（吴航，2014）。如果研究的测量结果可以用相似的方法重复得到，那么测量工具就被认为是可靠的。Kirk 和 Miller（1986）在定量研究中识别出三类信度：①随着时间推移测量结果是稳定的；②重复测量结果仍然是相同的；③在一个给定的时间段内测量的结果具有相似性。换言之，信度是指采用同样的测量方法在不同时间对同一测量对象进行测量所得到结果的一致性程度。一致性程度越高，表示定量研究中变量测度的量表信度水平越高。信度水平越高，则说明调查问卷测度所得到的结果越好。信度分析方法通常有四种：α 信度系数法、折半信度法、重测信度法和复本信度法。其中，在李克特量表中最常用的信度检验方法是 Cronbach's α 系数，Cronbach's α 系数是检查内部一致性的函数，也是检验量表的题项间相互关联程度的函数（吴明隆，2003）。本书采用吴明隆（2003）提出的 Cronbach's α 系数应该大于 0.7 的标准。此外，本书还采用吴航（2014）所使用的修正的题项——总体相关系数（corrected item-total correlation，CITC）来测度变量的信度。本书采用李怀祖（2000）提出的 CITC 值大于 0.35 的标准。因此，本书将通过计算每个变量的 Cronbach's α 系数以及该变量的题项——总体相关系数计算出每个变量的信度系数。

效度是指测量手段准确测量出所需测量的事物的程度（Golafshani，2003），即量表所能正确测量的特质程度（吴明隆，2003）。吴明隆（2003）将效度分为三种：内容效度（content validity）、效标关联效度（criterion-related validity）和构念效度（construct validity）。内容效度是指量表内容或题项的适当性与代表性。效标关联效度是指测量工具与外在效标间关联的程度，测量工具与外在效标间的相关程度越高，表示此测量工具的效标关联效度越高（吴明隆，2003）。构念效度是指变量测量的准确性，它评价的是我们在对构念进行操作时，变量测量的内容和构念定义的一致性程度（陈晓萍、徐淑英、樊景立，2012）。陈晓萍、徐淑英、樊景立（2012）指出，在任何一项研究设计中，研究者总会受到各种主客观条件的限制以及研究方法的局限，在任何一个研究中同时兼顾效度测量的所有指标几乎是不可能的。参考相关的研究，本书也只采用内容效度和构念效度来对问卷设计质量进行评价。

本书研究模型中的制度逻辑、资源能力、管理者认知和转型升级等相关变量具体指标尽量选自经典文献或发表在各领域国际尖级期刊上的文章所用到的量表，同时经过向专家咨询和对企业实地访谈进行了初步检验，据此可以判定这些量表具有较好的内容效度。在统计学上，检验构念的效度最常用的方法是因素分析，研究者用因素分析去检验测量工具的效度，并有效地抽取共同因素，如果此共同因素与理论结构的心理特质较为接近，则可以说该测验工具或量表具有构念效度（吴明隆，2003）。根据现有文献可知，通常检验构念效度需要计算聚合效度（convergent validity）和区分效度（discriminant validity）。聚合效度是指在使用不同方式测量同一构念时，所得到的测量分数因反映同一构念而应该高度一致；区分效度则是指在应用不同的方法测量两个不同的构念时，所观测到的数值应该能够加以区分。Fornell 和 Larcker（1981）提出用平均提取方差值（average variance extraction，AVE）来估计聚合效度和区分效度。本书采用因子分析并参考相关文献结合潜变量的平均提取方差来检验调查问卷中各变量量表的构念效度。Fornell 和 Larcker（1981）认为 AVE 值一般不能低于 0.5，否则该量表的聚合效度和区分效度会受到质疑。

因子分析能帮助检验某个变量的不同题项间是否存在较强的关联性，可以帮助判断能否将不同题项合并为少数几个因子，具有简化数据变量的功能（吴明隆，2003；吴航，2014）。本书采用因子分析提取变量测量题项的共同因子，如果得到的共同因子与理论结构较为接近，那么可以认为测验工具具有较好的构念效度（吴明隆，2003）。文献要求因子分析需要满足一定的前提条件。一般巴特利特球形检验（Bartlett test of sphericity）的检验统计量的观测值比较大且对应的概率 P 值小于给定的显著性水平 α，KMO 检验（kaiser-meyer-olkin）值大于 0.7，则表示变量能够做因子分析。与之前其他研究保持一致，本书利用社会学统计软件 SPSS 做探索性因子分析，主要通过主成分分析（principal component analysis）法、最大方差旋转法以及根据特征值（eigenvalue）大于 1 提取因子。进一步地，关于变量的量表题项的区分效度评价，本书遵循的是以下规则：每个题项的因子载荷系数一定要大于 0.5；如果某个题项的全部因子载荷系数都大于 0.5，则是横跨因子情况，需要删除该题项；每个题项所对应的因子载荷系数越大越好，但是在其他因子上的载荷系数越小越好。

4.3.2 小样本数据的收集

本书的小样本测试对象主要是北京、上海和广东珠江三角洲地区等地的多家企业。本书的小样本数据收集主要通过三种方式：首先，通过导师的课题调研，著者先后对广东多家企业进行了深入实地访谈，并请相关企业的负责人现场填写了调查问卷，最终得到了 10 份有效调查问卷；其次，在广东省国资委相关部门的协助下，著者在符合条件的企业中随机选取了 60 家企业进行问卷调查，问卷填写者主要是企业高管或者部门负责人，通过该方式实际回收 55 份问卷，其中 5 份是填写不完整的无效问卷，最终得到 50 份有效调查问卷；最后，著者通过同学和朋友的关系从北京和上海两地收集了 30 份有效调查问卷。著者通过前述三种方式总共获取 90 份有效调查问卷。根据吴明隆（2003）的建议：做探索性因子分析的预测试样本数应不少于分量表变量测量题项的个数。本书需要处理的 4 个变量有 52 个测量题项，少于预调研所获取的 90 份有效调查问卷的数量，符合吴明隆（2003）的建议。

4.3.3 小样本数据的信度和效度分析

1. 因变量：企业转型升级

本书对因变量企业转型升级的测量题项分别做因子分析和信度分析。首先，本书检验结果显示：企业转型升级的 KMO 值为 0.878，巴特莱特

（Bartlett）球形检验值显著不等于 0，这一结果表示企业转型升级的测度题项非常适合做因子分析。据此，本书对量表中 18 个企业转型升级的测度题项进行探索性因子分析，分析结果如表 4-5 所示。由表 4-5 可知，因子载荷系数都有比较好的区分度。因子的 AVE 值是 0.550，大于 0.5。通过表 4-5 所显示的因子分析结果可以观察到因子的含义都比较明晰。

表 4-5　企业转型升级量表探索性因子分析及 AVE 值

变　量	题　项	因子载荷	KMO值	巴特利特（Bartlett）球形检验值及显著性	AVE值
转型升级	TU1	0.671	0.878	865.306**	0.550
	TU2	0.737			
	TU3	0.774			
	TU4	0.704			
	TU5	0.792			
	TU6	0.691			
	TU7	0.614			
	TU8	0.727			
	TU9	0.649			
	TU10	0.874			
	TU11	0.822			
	TU12	0.714			
	TU13	0.720			
	TU14	0.772			
	TU15	0.815			
	TU16	0.813			
	TU17	0.823			
	TU18	0.661			

注：AVE 为平均提取方差值的简称，其表示相应维度因素载荷的平方和的平均值。

本书在做了因子分析之后，进一步对转型升级 18 个题项做了信度分析，以此来检验题项之间的一致性。检验结果如表 4-6 所示。其中，Cronbach's α 系数为 0.951，大于 0.7，并且各题项的 CITC 值也都大于 0.35，这些说明转型升级变量的信度系数比较理想。

表 4-6　企业转型升级量表的信度检验结果

变　量	题　项	CITC值	删除该题项后的α值	Cronbach's α值
转型升级	TU1	0.624	0.950	0.951
	TU2	0.696	0.949	
	TU3	0.737	0.948	
	TU4	0.662	0.949	
	TU5	0.758	0.948	
	TU6	0.658	0.949	
	TU7	0.580	0.951	
	TU8	0.700	0.949	
	TU9	0.607	0.950	
	TU10	0.850	0.946	
	TU11	0.793	0.947	
	TU12	0.670	0.949	
	TU13	0.684	0.949	
	TU14	0.729	0.948	
	TU15	0.783	0.947	
	TU16	0.778	0.947	
	TU17	0.792	0.947	
	TU18	0.621	0.950	

2. 中介变量：资源能力

本书首先基于预调研的 90 份有效调查问卷数据对中介变量资源能力量表进行了信度检验，包括技术能力、商业关系能力和政治关系能力三个维度。通过 SPSS 软件中的因素分析功能对资源能力三个维度量表的题项进行处理，结果输出如表 4-7 所示。由表 4-7 可知，技术能力、商业关系能力和政治关系能力三个维度题项量表的 Cronbach's α 系数分别为 0.895、0.840 和 0.963，均大于 0.7，修正后题项——总体相关系数（CITC）也都大于 0.6，远大于 0.35 的标准。因此，根据信度检验标准，这些说明企业资源能力变量的信度是理想的。

表 4-7　企业资源能力量表的信度检验结果

变　量	维　度	题　项	CITC值	删除该题项后的α值	Cronbach's α值
资源能力	技术能力	TC1	0.642	0.890	0.895
		TC2	0.760	0.869	
		TC3	0.811	0.861	
		TC4	0.700	0.879	
		TC5	0.671	0.883	
		TC6	0.735	0.874	
	商业关系能力	CC1	0.666	0.820	0.840
		CC1	0.754	0.734	
		CC1	0.700	0.782	
	政治关系能力	PC1	0.926	0.942	0.963
		PC1	0.917	0.949	
		PC1	0.920	0.946	

　　在做了上述信度分析后，本书进一步对经过信度检验的企业资源能力指标进行了因子分析。本书检验得到企业资源能力的三个维度：技术能力、商业关系能力和政治关系能力的 KMO 值分别是 0.812、0.715 和 0.782，同时巴特利特（Bartlett）球形检验值均显著不等于 0，因此满足做因子分析的标准。据此，本书对技术能力 6 个题项、商业关系能力 3 个题项和政治关系能力 3 个题项进行信度分析，结果如表 4-8 所示。由表 4-8 可知，技术能力的因子载荷系数都大于 0.7，AVE 值是 0.660，大于 0.5；商业关系能力的因子载荷系数都大于 0.8，AVE 值为 0.761，大于 0.5；政治关系能力的因子载荷系数都大于 0.9，AVE 值为 0.931，远大于 0.5。可见，企业资源能力量表效度通过检验。

表 4-8　资源能力探索性因子分析及 AVE 值

变量	维度	题项	因子载荷	KMO值	巴特利特（Bartlett)球形检验值及显著性	AVE值
资源能力	技术能力	TC1	0.743	0.812	327.614**	0.660
		TC2	0.836			
		TC3	0.884			
		TC4	0.796			
		TC5	0.778			
		TC6	0.830			
	商业关系能力	CC1	0.847	0.715	110.147**	0.761
		CC2	0.899			
		CC3	0.871			
	政治关系能力	PC1	0.967	0.782	307.408**	0.931
		PC2	0.963			
		PC3	0.965			

注：* 表示 $P<0.05$；** 表示 $P<0.01$。

3. 自变量：制度逻辑

本书的制度逻辑包括两个维度，分别是市场逻辑和引导性政策逻辑。因此，下面本书对这两个维度分别进行信度和因子分析。首先，本书对制度逻辑进行信度分析，检验结果如表 4-9 所示。由表 4-9 可以看出，市场逻辑的第六个题项"公司可以采取减员增效的办法提高经济效益"的 Cronbach's α 值为 0.768，而 CITC 值为 0.144，小于 0.35 的标准，因此本书考虑将第六个题项删除。引导性政策逻辑的 CITC 值均大于 0.6，删除该题项后的 α 值都小于总的 Cronbach's α 值 0.912，两个值都符合检验标准，这说明引导性政策逻辑题项的信度是理想的。

表 4-9　制度逻辑信度检验结果 1

变　量	维　度	题　项	CITC值	删除该题项后的α值	Cronbach's α值
制度逻辑	市场逻辑	ML1	0.611	0.709	0.768
		ML2	0.643	0.701	
		ML3	0.726	0.686	
		ML4	0.623	0.713	
		ML5	0.499	0.740	
		ML6	0.144	0.837	
	引导性政策逻辑	GL1	0.747	0.898	0.912
		GL2	0.627	0.911	
		GL3	0.815	0.888	
		GL4	0.750	0.898	
		GL5	0.790	0.892	
		GL6	0.823	0.888	

　　为进一步检验市场逻辑题项的信度，本书又对市场逻辑进行了分析，结果如表 4-10 所示。其中，引导性政策逻辑的 CITC 值均大于 0.6，删除该题项后的 α 值均小于总的 Cronbach's α 值 0.912。本书发现市场逻辑第四个题项"公司所在地的商品和服务交易可以不受地域限制实现自由买卖"的删除该题项后的 α 值是 0.855，大于总的 Cronbach's α 值 0.837，说明该题项与其他题项不存在一致性，因此需要将该题项删除，从而还需要对市场逻辑指标做进一步的信度分析。分析结果如表 4-11 所示。由表 4-11 可以看出，市场逻辑余下的四个题项的 CITC 值都大于 0.35，且删除该题项后的 α 值均小于总的 Cronbach's α 值 0.855。因此，市场逻辑的"公司按国家规定建立并能实现自主经营""公司的合法权益能通过落实合同来实现""公司所在地的投资环境是自由、透明和公平的"和"公司所在地银行和其他金融机构能有效提供储蓄、信贷、支付和投资等服务"四个题项的信度通过检验。

表4-10 制度逻辑信度检验结果2

变 量	维 度	题 项	CITC值	删除该题项后的α值	Cronbach's α值
制度逻辑	市场逻辑	ML1	0.617	0.810	0.837
		ML2	0.729	0.778	
		ML3	0.764	0.773	
		ML4	0.498	0.855	
		ML5	0.654	0.803	
	引导性政策逻辑	GL1	0.747	0.898	0.912
		GL2	0.627	0.911	
		GL3	0.815	0.888	
		GL4	0.750	0.898	
		GL5	0.790	0.892	
		GL6	0.823	0.888	

表4-11 制度逻辑信度检验结果3

变 量	维 度	题 项	CITC值	删除该题项后的α值	Cronbach's α值
制度逻辑	市场逻辑	ML1	0.636	0.844	0.855
		ML2	0.763	0.787	
		ML3	0.784	0.781	
		ML5	0.624	0.845	
	引导性政策逻辑	GL1	0.747	0.898	0.912
		GL2	0.627	0.917	
		GL3	0.815	0.888	
		GL4	0.750	0.898	
		GL5	0.790	0.892	
		GL6	0.823	0.888	

在完成上述信度分析的基础上，本书继续对制度逻辑的两个维度分别做因子分析。因子分析结果如表 4-12 所示。其中，市场逻辑的 KMO 值为 0.785，巴特利特（Bartlett）球形检验值显著不为 0；引导性政策逻辑的 KMO 值为 0.894，巴特利特（Bartlett）球形检验值也显著不为 0。因此，适合做探索性因子分析。由表 4-12 的结果可以看出，市场逻辑的因子载荷系数均大于 0.7，AVE 值为 0.701；引导性政策逻辑的因子载荷系数均大于 0.8，AVE 值为 0.686。由此可知，制度逻辑的效度是比较理想的。

表 4-12　制度逻辑探索性因子分析及 AVE 值

变　量	维　度	题　项	因子载荷	KMO值	巴特利特 Bartlett球形检验值及显著性	AVE值
制度逻辑	市场逻辑	ML1	0.787	0.785	167.178**	0.701
		ML2	0.878			
		ML3	0.893			
		ML5	0.786			
	引导性政策逻辑	GL1	0.825	0.894	358.317**	0.686
		GL2	0.723			
		GL3	0.877			
		GL1	0.836			
		GL2	0.870			
		GL3	0.889			

注：* 表示 $P<0.05$；** 表示 $P<0.01$。

4.调节变量：管理者认知

本书继续对调节变量管理者认知进行信度检验。管理者认知包括两个维度：机会解释和威胁解释。通过 SPSS 软件中的因素分析功能对管理者认知量表的题项进行处理，输出结果如表 4-13 所示。由表 4-13 可知，威胁解释的 CITC 值都大于 0.7，删除该题项后的 α 值均小于总的 Cronbach's α 值 0.914。机会解释的 CITC 值都大于 0.35，但第五个题项"经营环境变化所产生的风险和损失是可控的"的删除该题项后的 α 值为 0.853，大于总的 Cronbach's α 值 0.840，因此，本书删除第五个题项对机会解释做进一步信度分析，结果如表 4-14 所示。由表 4-14 分析可知，机会解释的第一个题项"经营环境变化能让公司未来有更大发展空间"的删除该题项后的 α 值仍大于总的 Cronbach's α 值，因此还需要对机会解释题项做信度分析，输出结果如表 4-15 所示。此次机会解释的信度检验通过，即 CITC 值都大于 0.35，删除该题项后的 α 值均小于总的 Cronbach's α 值 0.855。

表 4-13　管理者认知量表的信度检验 1

变　量	维　度	题　项	CITC值	删除该题项后的 α 值	Cronbach's α 值
管理者认知	机会解释	OE1	0.599	0.820	0.840
		OE2	0.724	0.786	
		OE3	0.763	0.774	
		OE4	0.674	0.799	
		OE5	0.475	0.853	
	威胁解释	TE1	0.792	0.893	0.914
		TE2	0.809	0.889	
		TE3	0.854	0.879	
		TE4	0.753	0.901	
		TE5	0.704	0.910	

表 4-14　管理者认知量表的信度检验 2

变　量	维　度	题　项	CITC值	删除该题项后的 α 值	Cronbach's α 值
管理者认知	机会解释	OE1	0.588	0.855	0.853
		OE2	0.714	0.804	
		OE3	0.772	0.779	
		OE4	0.706	0.808	
	威胁解释	TE1	0.792	0.893	0.914
		TE2	0.809	0.889	
		TE3	0.854	0.879	
		TE4	0.753	0.901	
		TE5	0.704	0.910	

表 4–15　管理者认知量表的信度检验 3

变　量	维　度	题　项	CITC值	删除该题项后的 α 值	Cronbach's α 值
管理者认知	机会解释	OE2	0.710	0.812	0.855
		OE3	0.790	0.736	
		OE4	0.685	0.839	
	威胁解释	TE1	0.792	0.893	0.914
		TE2	0.809	0.889	
		TE3	0.854	0.879	
		TE4	0.753	0.901	
		TE5	0.704	0.910	

在上述信度分析后，本书继续对经过信度检验的管理者认知变量进行因子分析。本书对管理者认知的机会解释和威胁解释检验得到的 KMO 值结果分别为 0.709 和 0.890，同时巴特利特（Bartlett）球形检验值均显著不等于 0，因此满足做因子分析的要求。据此，本书对通过信度分析的管理者认知量表的题项进行探索性因子分析，得到的结果如表 4–16 所示。由表 4–16 可以得知，机会解释的因子载荷系数均大于 0.8，AVE 值为 0.777；威胁解释的因子载荷系数均大于 0.8，AVE 值为 0.746。可见，管理者认知各个题项的效度比较理想。

表 4–16　管理者认知探索性因子分析及 AVE 值

变　量	维　度	题　项	因子载荷	KMO值	巴特利特（Bartlett）球形检验值及显著性	AVE值
管理者认知	机会解释	OE2	0.873	0.709	122.284**	0.777
		OE3	0.915			
		OE4	0.855			
	威胁解释	TE1	0.872	0.890	299.025**	0.746
		TE2	0.883			
		TE3	0.914			
		TE4	0.842			
		TE5	0.804			

注：* 表示 $P<0.05$；** 表示 $P<0.01$。

4.4 大样本数据的收集和描述性分析

4.4.1 数据收集

为了实证分析制度逻辑对企业转型升级响应行为的影响，本书主要通过导师和导师组团队成员、同学、朋友和校友等方面的关系发放调查问卷，选择发放问卷的企业主要集中在制造业和高新技术行业。在与被调查者说明本调研目的仅作为学术研究之用，不用于商业用途，同时承诺对其所填写的问卷进行保密的情况下，著者通过多种渠道向接受调研的企业发放了调查问卷。首先，利用实地访谈的机会，现场发放和收集调查问卷；其次，利用导师与广东省国资委的合作关系，委托广东省国资委有关部门发放部分问卷并收集数据；最后，通过导师、同学、朋友和校友以及网络等发放调查问卷并收集数据。

第一，通过导师的课题研究，著者先后两次利用对广东省相关制造业企业进行调查的机会现场发放问卷。导师课题组分别于2017年10月和2018年4月对东莞市、肇庆市、江门市和中山市等地方的制造业企业进行实地调查。借助对企业现场访谈的机会，著者共发放了50份调查问卷，实际收回50份，问卷回收率100%。

第二，利用导师课题组与广东省国资委合作的机会，著者让导师请国资委相关部门负责人通过发送电子版调查问卷的方式发放了200份调查问卷，实际收回105份，问卷回收率53%。

第三，通过导师和校友的关系，著者让其对北京大学、同济大学和上海对外经贸大学等大学的EMBA学员利用微信方式发放电子版调查问卷100份，实际收回63份，问卷回收率63%。

第四，通过朋友关系，著者让其对天津、四川和湖南等地方的相关企业通过电话和微信方式发放电子版调查问卷150份，实际收回20份，问卷回收率13%。

总之，著者通过各种数据收集途径共发放调查问卷500份，收回238份，其中因填答不完整等问题删除的无效问卷有29份，有效问卷209份，有效回收率为41.8%。

4.4.2 样本的描述性分析

本书对收集的209份调查问卷进行了描述性分析，如表4-17所示。由表

4-17 可知，企业行业分布情况如下：有 130 家企业属于传统制造业（62.2%），37 家企业属于高新技术行业（17.7%），8 家企业属于贸易类行业（3.8%），26 家企业属于服务类行业（12.5%），5 家企业属于房地产行业（2.4%），3 家企业属于其他行业（1.4%）。在问卷填写者性别方面：有 138 份有效问卷的填写者是男性（66.0%），有 71 份有效问卷的填写者是女性（34.0%）。在问卷填写者的教育背景方面：有 99 份有效问卷的填写者是研究生及以上学历（47.4%），有 101 份有效问卷的填写者是本科学历（48.3%），有 9 份有效问卷的填写者是专科及以下学历（4.3%）。在问卷填写者的年龄方面：有 10 份（4.8%）问卷的填写者年龄在 46 岁以上，有 103 份（49.3%）问卷的填写者年龄在 36 ～ 45 岁，有 96 份（45.9%）问卷的填写者年龄在 26 ～ 35 岁。在企业人数方面：有 39 家企业（18.7%）的人数在 100 人以下，有 60 家企业（28.7%）的人数在 100 ～ 500 人，有 46 家企业（22.0%）的人数在 501 ～ 1000 人，有 16 家企业（7.6%）的人数在 1001 ～ 2000 人，有 48 家企业（23%）的人数在 2000 人以上。在样本企业所有权性质方面：有 50 家企业（23.9%）属于国有性质，有 112 家企业（53.6%）属于民营性质，有 27 家企业（12.9%）属于合资性质，有 20 家企业（9.6%）属于外商独资性质。在填卷人的职位方面：高层管理者为 132 人（63.1%），中层管理者为 57 人（27.3%），基层管理者为 20 人（9.6%）。

表 4-17　本书样本企业的特征

名　称	属　性	数　量	百分比	名　称	属　性	数　量	百分比
被调查者的性别	男	138	66.0%	行业类别	传统制造业	130	62.2%
	女	71	34.0%		高新技术	37	17.7%
被调查者的年龄/岁	<26	0	0%		贸易类	8	3.8%
	26~35	96	45.9%		服务类	26	12.5%
	36~45	103	49.3%		房地产	5	2.4%
	≥ 46	10	4.8%		其他	3	1.4%

续　表

名　称	属　性	数　量	百分比	名　　称	属　性	数　量	百分比
教育背景	专科及以下	9	4.3%	所有权性质	国有	50	23.9%
	本科	101	48.3%		民营	112	53.6%
	研究生及以上	99	47.4%		合资	27	12.9%
企业人数/人	<100	39	18.7%		外商独资	20	9.6%
	101~500	60	28.7%		其他	0	0%
	501~1 000	46	22.0%	被调查者职位	高层	132	63.1%
	1 001~2 000	16	7.6%		中层	57	27.3%
	>2 000	48	23.0%		基层	20	9.6%

4.5　数据分析方法

4.5.1　描述性统计和相关性分析

本书的描述性统计主要对样本企业的企业规模、行业类别、企业所有权性质、管理者教育水平以及各变量测量指标等进行简单的统计分析，说明这些变量的均值、标准差、最小值、最大值等。同时，本书分析了制度逻辑、管理者认知、资源能力、企业转型升级和其他相关控制变量的皮尔逊（Pearson）相关系数。

4.5.2　信度和效度分析

信度是指采用同样的测量方法在不同时间对同一测量对象进行测量所得到结果的一致性程度（Kirk and Miller，1986）。现有文献中信度的常用指标包括再测信度、折半信度、复本信度和内部一致性信度（邱皓政，2013），本书主要利用 Cronbach's α 值来对变量的内部一致性进行检验。

效度即测量的正确性，指测验或者其他测量工具确实能够测得其所欲测量的构念程度（邱皓政，2013）。根据邱皓政（2013）所著工具书可知，从内容角度来看，效度的评估有三种不同的模式：关注测量的内容与范围的内容效度；关注在外在标准适配程度的评估模式上演化而来的效标关联效度；以及强调厘清概念意涵的构念效度。构念效度是指测量工具能测得一个抽象概念或特质的程度（邱皓政，2013）。本书主要关注的是构念效度，即通过采用因子分析的方法来检验制度逻辑、管理者认知、资源能力、企业转型升级等变量。

4.5.3　共同方法偏差

共同方法偏差是指归因于测量方法而不是构念所感兴趣的变异（Podsakoff et al.，2003）。这里的术语方法是指在抽象概念不同水平上的测量形式，如具体题项的内容、量表类型、答题形式和广义的语境。

Podsakoff 等（2003）通过文献梳理总结出共同方法偏差是由共同的评价人、共同的测量环境和共同的题项环境或题项本身的特征引起的。方法偏差在研究中有一个突出的特征，即预测变量和效标变量的数据获得来自同一个人在相同的测量环境中使用相同的题项环境和相似的题项特征（Podsakoff et al.，2003）。本书潜在的共同方法偏差问题源于从单一的信息提供者（single informant）收集数据。因此，本书参考相关研究采用了事前和事后方法来解决共同方法偏差的问题。

4.5.4　层次回归分析

本书运用层次回归分析方法来检验制度逻辑对企业转型升级响应行为的直接影响效果和调节变量（管理者认知）的调节效应以及中介变量（企业资源能力）的中介效应。

与之前的研究文献（吴航，2014）保持一致，本书在做层次回归分析前先对数据的多重共线性、异方差性和自相关性进行检验。

（1）多重共线性。多重共线性是指在多元线性回归分析中自变量间存在高度的相关性（近似线性依赖）。当存在严重的多重共线性时，会有以下问题发生：①数据方面的小变化可以在参数估计（回归系数）方面产生显著的变化；②回归系数有较高的标准误差，这会影响相应自变量的显著性水平；③回归系数可能有错误的符号和（或）不合理的幅度。一般通过自变量的相关矩阵、方差膨胀因子（variance inflation factor，VIF）和协方差矩阵的特征值来判定变量间多重共线性的严重程度。与之前其他的研究文献保持一致，本书采用方差膨胀因子 VIF 来考察多重共线性问题。如果回归方差包含的交互项显示较高的 VIF 值（VIF>10）则意味着存在多重共线性问题。

（2）异方差性。异方差性是计量经济学中的术语。在古典线性回归模型中有一个重要的假定：随机误差项有相同的方差。如果随机误差项没有相同的方差，那么就称随机误差项存在异方差性。人们一般通过看残差图（residual plot）来判断是否存在异方差性，在图中的直角坐标系中，残差是坐标系的纵轴，拟合值（解释变量）是坐标系的横轴。如果残差图中点的分布呈有序状态，则认为存在异方差性。

（3）自相关性。在回归分析中，人们一般假定误差项是独立的同分布的正态随机变量。如果随机误差项的期望值之间存在相关关系，那么就称随机误差项之间存在"自相关"（auot correlation）或"序列相关"（serial correlation）。通常检验是否存在自相关有三种方法：BG 检验、Box-Pierce Q 检验和 DW 检验。与现有文献保持一致，本书采用 DW 值来检验一阶自相关问题。人们一般认为 $0<DW<4$ 时，模型不存在一阶自相关性。

4.6　本章小结

本章首先简单介绍了问卷设计的过程、问卷的基本内容和主要研究变量的测量；其次，对设计好的初始问卷进行小样本的预调研来考察制度逻辑、管理者认知、资源能力和企业转型升级的信度和效度，从而决定各个变量量表题项的删减；最后，介绍了大规模调研收集数据的方式及主要的数据分析方法，包括描述统计分析、方差分析、相关性分析、信度和效度分析、共同方法偏差、层次回归分析。

第 5 章　数据分析与研究结果

5.1　变量描述性分析

本书对调查问卷中的各变量测量指标进行了描述性统计分析，结果如表 5-1 所示。表 5-1 主要包括各变量测量指标统计值的最大值、最小值、平均值、标准差。

表 5-1　本书调查问卷中各变量测量指标的描述性统计

类　别	n	最小值	最大值	平均值	标准差
企业行业	209	1	6	2.12	1.71
企业所有权性质	209	1	5	2.18	0.94
企业规模	209	1	5	2.98	1.42
管理者教育水平	209	1	7	3.61	2.03
市场逻辑	209	1	5	4.27	0.68
引导性政策逻辑	209	1	5	3.89	0.81
机会解释	209	1	5	3.69	0.83
威胁解释	209	1	5	2.93	0.94
技术能力	209	1	5	3.85	0.75
商业关系能力	209	1	5	3.93	0.68
政治关系能力	209	1	5	4.13	0.73
企业转型升级	209	1	5	3.84	0.73

5.2　信度和效度检验

虽然前文已经用预测试小样本数据对制度逻辑、管理者认知、企业资源能力和转型升级进行了探索性因子分析，但是还需要用大样本进一步确定各观测变量的内部结构以及验证测量题项的合理性。因此，本书将对大样本数据做信度和效度分析，以验证数据是否适合做进一步回归分析。

5.2.1　信度分析

信度主要用于测量问卷是否可靠，即衡量测量结果的一致性或稳定性，也就是测量工具能否可靠和有效地测量所测对象（变量）。本书所用的信度测量方法主要参考了已有信度测量的经典做法，测度每个变量题项的 Cronbach's α 系数，一般认为当 Cronbach's α 系数大于 0.4 时，说明该题项具有较好的信度水平（张馨遥等，2018）。

1.制度逻辑

本书首先对制度逻辑的信度进行分析，检验结果如表 5-2 所示。从表 5-2 中可以得知，市场逻辑的 CITC 值均大于 0.5，删除该题项后的 α 值都小于 Cronbach's α 值 0.751，这说明市场逻辑的信度得到检验。引导性政策逻辑的 CITC 值均大于 0.6，删除该题项后的 α 值都小于 Cronbach's α 值 0.877，这表明引导性政策逻辑的信度比较理想。因此，制度逻辑的问卷数据是可靠的。

表 5-2　制度逻辑量表信度分析

变　量	维　度	题　项	CITC值	删除该题项后的 α 值	Cronbach's α 值
制度逻辑	市场逻辑	ML1	0.527	0.705	0.751
		ML2	0.614	0.655	
		ML3	0.546	0.695	
		ML5	0.505	0.719	
	引导性政策逻辑	GL1	0.642	0.863	0.877
		GL2	0.683	0.857	
		GL3	0.703	0.853	
		GL4	0.628	0.865	
		GL5	0.694	0.854	
		GL6	0.761	0.845	

2. 管理者认知

本书继续对管理者认知进行信度分析，检验结果如表 5-3 所示。从表 5-3 中可知，机会解释的 CITC 值均大于 0.5，删除该题项后的 α 值都小于 Cronbach's α 值 0.780，这说明机会解释的信度得到检验。威胁解释的 CITC 值均大于 0.6，删除该题项后的 α 值都小于 Cronbach's α 值 0.893，这表明威胁解释的信度比较理想。因此，管理者认知的问卷数据是可靠的。

表 5-3　管理者认知量表信度分析

变　量	维　度	题　项	CITC值	删除该题项后的 α 值	Cronbach's α 值
管理者认知	机会解释	OE2	0.614	0.705	0.780
		OE3	0.641	0.675	
		OE4	0.595	0.726	
	威胁解释	TE1	0.777	0.862	0.893
		TE2	0.733	0.870	
		TE3	0.778	0.860	
		TE4	0.727	0.872	
		TE5	0.682	0.881	

3. 资源能力

本书对资源能力变量进行了信度分析，检验结果如表 5-4 所示。从表 5-4 中可知，技术能力的 CITC 值均大于 0.6，删除该题项后的 α 值都小于或者等于 Cronbach' α 值 0.896，这说明技术能力的信度得到检验。商业关系能力的 CITC 值均大于 0.35，删除该题项后的 α 值都小于 Cronbach's α 值 0.726，这表明商业关系能力的信度比较理想。政治关系能力的 CITC 值均大于 0.6，删除该题项后的 α 值都小于 Cronbach's α 值 0.837，这表明政治关系能力的信度通过检验。因此，资源能力变量的问卷数据是可靠的。

表 5-4　资源能力量表信度分析

变　量	维　度	题　项	CITC值	删除该题项后的 α 值	Cronbach's α 值
资源能力	技术能力	TC1	0.616	0.890	0.896
		TC2	0.703	0.869	
		TC3	0.742	0.861	
		TC4	0.613	0.879	
		TC5	0.667	0.883	
		TC6	0.674	0.874	
	商业关系能力	CC1	0.432	0.531	0.726
		CC1	0.519	0.421	
		CC1	0.368	0.613	
	政治关系能力	PC1	0.718	0.754	0.837
		PC1	0.696	0.777	
		PC1	0.685	0.788	

4. 企业转型升级

本书最后对企业转型升级变量进行了信度分析，检验结果如表 5-5 所示。从表 5-5 中可知，企业转型升级的 CITC 值均大于 0.4，删除该题项后的 α 值都小于或者等于 Cronbach's α 值 0.930，这说明企业转型升级的信度得到检验。因此，转型升级变量的问卷数据是可靠的。

表 5-5　企业转型升级量表信度分析

变　量	题　项	CITC值	删除该题项后的 α 值	Cronbach's α 值
转型升级	TU1	0.588	0.927	0.930
	TU2	0.642	0.926	
	TU3	0.651	0.926	
	TU4	0.689	0.925	
	TU5	0.663	0.926	
	TU6	0.625	0.927	
	TU7	0.560	0.929	
	TU8	0.548	0.928	
	TU9	0.505	0.929	

变　量	题　项	CITC值	删除该题项后的α值	Cronbach's α值
转型升级	TU10	0.780	0.923	0.930
	TU11	0.661	0.926	
	TU12	0.675	0.925	
	TU13	0.680	0.925	
	TU14	0.649	0.926	
	TU15	0.642	0.926	
	TU16	0.732	0.924	
	TU17	0.639	0.926	
	TU18	0.492	0.930	

5.2.2　效度分析

效度是指测量工具能够正确地测量出想要测度的性质程度，及测度量表设计的正确性。通过对测度问卷内容效度和构念效度进行测度，可以将构念效度分为收敛效度和区分效度。因此，参考相关研究，本书从内容效度和构念效度进行问卷效度检验。

关于问卷的收敛效度和区分效度，本书采用探索性因子、AVE 值以及验证性因子进行分析。下面分别对制度逻辑、管理者认知、资源能力和企业转型升级各变量的构念效度进行检验。

1. 制度逻辑

本书对制度逻辑的市场逻辑和引导性政策逻辑检验得到的 KMO 值结果分别为 0.759 和 0.897，同时巴特利特（Bartlett）球形检验值均显著不等于 0，因此满足做因子分析的要求。据此，本书对制度逻辑量表的题项进行探索性因子分析，结果如表 5-6 所示。由表 5-6 可以得知，市场逻辑的因子载荷系数均大于 0.7，AVE 值为 0.574；引导性政策逻辑的因子载荷系数均大于 0.7，AVE 值为 0.624。可见，制度逻辑各个题项的效度比较理想。

表 5-6　制度逻辑探索性因子分析及 AVE 值

变 量	维 度	题 项	因子载荷	KMO值	巴特利特（Bartlett）球形检验值及显著性	AVE值
制度逻辑	市场逻辑	TC1	0.744	0.759	185.282**	0.574
		TC2	0.810			
		TC3	0.755			
		TC5	0.719			
	引导性政策逻辑	CC1	0.752	0.897	565.940**	0.624
		CC2	0.786			
		CC3	0.804			
		PC1	0.743			
		PC2	0.800			
		PC3	0.849			

注：* 表示 $P<0.05$ ；** 表示 $P<0.01$ 。

2. 管理者认知

本书对管理者认知的机会解释和威胁解释检验得到的 KMO 值结果分别为 0.700 和 0.885，同时巴特利特（Bartlett）球形检验值均显著不等于 0，因此满足做因子分析的要求。据此，本书对制度逻辑量表的题项进行探索性因子分析，结果如表 5-7 所示。由表 5-7 可以得知，机会解释的因子载荷系数均大于 0.8，AVE 值为 0.694；威胁解释的因子载荷系数均大于 0.7，AVE 值为 0.702。可见，管理者认知各个题项的效度比较理想。

表 5-7　管理者认知变量探索性因子分析及 AVE 值

变 量	维 度	题 项	因子载荷	KMO值	巴特利特（Bartlett）球形检验值及显著性	AVE值
管理者认知	机会解释	OE2	0.832	0.700	171.656**	0.694
		OE3	0.849			
		OE4	0.818			
	威胁解释	TE1	0.865	0.885	568.098**	0.702
		TE2	0.834			
		TE3	0.867			
		TE4	0.828			
		TE5	0.794			

3. 资源能力

本书对资源能力的技术能力、商业关系能力和政治关系能力的 KMO 值进行了计算，结果分别是 0.887、0.717 和 0.725，同时巴特利特（Bartlett）球形检验值均显著不等于 0，因此满足做因子分析的要求。因此，本书对制度逻辑量表的题项进行探索性因子分析，结果如表 5-8 所示。由表 5-8 可知，技术能力的因子载荷系数均大于 0.7，AVE 值为 0.608；商业关系能力的因子载荷系数均大于 0.7，AVE 值为 0.579；政治关系能力的因子载荷系数均大于 0.8，AVE 值为 0.755。可见，资源能力各个题项的效度比较理想。

表 5-8　资源能力量表探索性因子分析及 AVE 值

变　量	维　度	题　项	因子载荷	KMO值	巴特利特（Bartlett）球形检验值及显著性	AVE值
资源能力	技术能力	TC1	0.731	0.887	534.375**	0.608
		TC2	0.809			
		TC3	0.836			
		TC4	0.728			
		TC5	0.781			
		TC6	0.786			
	商业关系能力	CC1	0.766	0.717	102.289**	0.579
		CC2	0.823			
		CC3	0.787			
	政治关系能力	PC1	0.880	0.725	244.238**	0.755
		PC2	0.866			
		PC3	0.860			

注：* 表示 $P<0.05$；** 表示 $P<0.01$。

4. 企业转型升级

本书对企业转型升级的 KMO 值进行了计算，结果是 0.934，同时巴特利特（Bartlett）球形检验值均显著不等于 0，因此满足做因子分析的要求。因此，本书对企业转型升级的题项进行探索性因子分析，结果如表 5-9 所示。由表 5-9 可知，因子载荷系数均大于 0.5，AVE 值为 0.503。可见，企业转型升级各个题项的效度比较理想。

表 5-9　企业转型升级量表探索性因子分析及 AVE 值

变　量	题　项	因子载荷	KMO值	巴特利特Bartlett球形检验值及显著性	AVE值
转型升级	TU1	0.642	0.934	1958.334**	0.503
	TU2	0.701			
	TU3	0.704			
	TU4	0.739			
	TU5	0.712			
	TU6	0.679			
	TU7	0.598			
	TU8	0.584			
	TU9	0.544			
	TU10	0.824			
	TU11	0.710			
	TU12	0.717			
	TU13	0.726			
	TU14	0.706			
	TU15	0.702			
	TU16	0.771			
	TU17	0.685			
	TU18	0.531			

注：* 表示 $P<0.05$；** 表示 $P<0.01$。

为进一步验证各变量的构念效度，本书采用验证性因子方法进行了分析，结果如表 5-10 所示。由表 5-10 可知，八因子中的 $X^2/df=1.634$，小于 3；$RMSEA=0.055$，小于 0.1；$CFI=0.873$，$IFI=0.875$，均接近于 0.9。因此，各变量的验证性因子检验结果比较理想。

表 5-10　验证性因子分析结果

模型	X²	df	X²/df	RMSEA	CFI	IFI
八因子	1 718.989	1 052	1.634	0.055	0.873	0.875
七因子	1 908.301	1 059	1.802	0.062	0.838	0.841
六因子	1 929.649	1 065	1.812	0.062	0.833	0.835
五因子	1 981.460	1 070	1.852	0.064	0.824	0.826
四因子	2 153.598	1 074	2.005	0.070	0.791	0.793
三因子	2 689.957	1 077	2.498	0.085	0.693	0.696
二因子	2 836.744	1 079	2.629	0.088	0.666	0.669
一因子	3 404.379	1 080	3.152	0.102	0.558	0.562

　　注：1. 八因子模型为：市场逻辑、引导性政策逻辑、机会解释、威胁解释、技术能力、商业关系能力、政治关系能力、企业转型升级；七因子模型：市场逻辑、引导性政策逻辑、机会解释、威胁解释、商业关系能力、政治关系能力、技术能力 + 企业转型升级；六因子模型：机会解释、威胁解释、商业关系能力、政治关系能力、市场逻辑 + 引导性政策逻辑、技术能力 + 企业转型升级；五因子模型：机会解释、威胁解释、政治关系能力、市场逻辑 + 引导性政策逻辑、技术能力 + 企业转型升级；四因子模型：机会解释、威胁解释、市场逻辑 + 引导性政策逻辑、技术能力 + 企业转型升级 + 商业关系能力 + 政治关系能力；三因子模型：机会解释、威胁解释、技术能力 + 企业转型升级 + 商业关系能力 + 政治关系能力 + 市场逻辑 + 引导性政策逻辑；二因子模型：威胁解释、机会解释 + 技术能力 + 企业转型升级 + 商业关系能力 + 政治关系能力 + 市场逻辑 + 引导性政策逻辑；一因子模型：威胁解释 + 机会解释 + 技术能力 + 企业转型升级 + 商业关系能力 + 政治关系能力 + 市场逻辑 + 引导性政策逻辑。

　　2. "+"表示两个因素合并为一个因素，合并的依据为因素之间相关系数的大小。

5.3　共同方法偏差检验

　　本书为了减少潜在的共同方法偏差采取了事前和事后措施。①对研究模型中涉及的变量：制度逻辑、管理者认知和资源能力等的测量，本书使用的是发表在国际顶尖期刊上信度和效度都较高而且文章高被引的成熟量表。②本书在调查问卷的第一页向问卷回答者清楚说明了数据收集的保密性和匿名性。此外，著者随机排列整个问卷的问题，并设置一些反问题项，从而使被试者很难做出关于本书概念模型的任何假设。③书中所用的这些方法也有助于减少社会期望偏差。关于事后的解决方法，本书采用了 Harman 单因素检验来考察共同方法偏差是否严重。首先，把所有感兴趣的变量都放到一个探索性因子分析中；其次，对未旋转的因子分析结果进行检验，以确定解释变量中的方差所必需的因子数量。如果萃取的单一因子能够解释大部分方差变异，那么就存在严重的共同方法偏差。本书使用该方法的检验结果表明：单一因子的最大方差解释比例为 30.25%，并未解释大部分方差。因此，同源方法偏差被排除作为随后的假设检验的潜在威胁。

5.4 层次回归分析

本书上文的信度和效度以及同源方法偏差检验结果说明本书使用的测量模型效果理想并且数据质量可靠，因此可以做进一步的实证分析。下面，本书将采用层次回归分析方法来考察制度逻辑对企业转型升级响应行为的影响和作用机制，从而对第 3 章提出的研究假设进行检验。

5.4.1 相关分析

本书运用 SPSS22.0 计算研究模型中各变量间的 Pearson 相关系数，如表 5-11 所示。正如前文的预期一样，市场逻辑与企业转型升级呈显著正相关关系（$r=0.393$，$P<0.01$）；引导性政策逻辑与企业转型升级呈显著正相关关系（$r=0.453$，$P<0.01$）。技术能力、商业关系能力和政治关系能力与企业转型升级呈显著正相关关系（$r=0.665$，$P<0.01$；$r=0.582$，$P<0.01$；$r=0.554$，$P<0.01$）。市场逻辑与技术能力、商业关系能力和政治关系能力均呈显著正相关关系（$r=0.338$，$P<0.01$；$r=0.504$，$P<0.01$；$r=0.523$，$P<0.01$）；引导性政策逻辑与技术能力、商业关系能力和政治关系能力均呈显著正相关关系（$r=0.463$，$P<0.01$；$r=0.487$，$P<0.01$；$r=0.528$，$P<0.01$）。此外，机会解释与企业转型升级呈显著正相关关系（$r=0.269$，$P<0.01$）。

表 5-11 描述性统计与相关系数

	1	2	3	4	5	6	7	8	9	10	11	12
1. 企业行业	1	—	—	—	—	—	—	—	—	—	—	—
2. 企业所有权性质	-0.211**	1	—	—	—	—	—	—	—	—	—	—
3. 企业规模	0.130	-0.058	1	—	—	—	—	—	—	—	—	—
4. 管理者教育水平	0.184**	-0.048	0.790**	1	—	—	—	—	—	—	—	—
5. 市场逻辑	0.015	0.075	0.081	0.064	1	—	—	—	—	—	—	—
6. 引导性政策逻辑	-0.041	0.066	0.199**	0.111	0.648**	1	—	—	—	—	—	—
7. 机会解释	-0.054	0.017	-0.029	-0.109	0.349**	0.458**	1	—	—	—	—	—
8. 威胁解释	0.145*	0.025	0.010	0.015	0.023	-0.049	-0.201**	1	—	—	—	—
9. 技术能力	-0.121	0.154*	0.162*	0.088	0.338**	0.463**	0.257**	-0.104	1	—	—	—
10. 商业关系能力	0.007	0.060	0.002	0.106	0.504**	0.487**	0.335**	-0.102	0.529**	1	—	—
11. 政治关系能力	0.019	0.060	0.081	0.032	0.523**	0.528**	0.360**	0.072	0.447**	0.563**	1	—
12. 企业转型升级	-0.093	0.037	0.160*	0.067	0.393**	0.453**	0.269**	-0.078	0.665**	0.582**	0.554**	1

注：$n=209$，** 表示 $P<0.01$ ；* 表示 $P<0.05$。

5.4.2 回归分析的前提问题检验

1. 多重共线性检验

对本书数据进行多重共线性检验，著者需要开展如下回归分析：首先，将技术能力、商业关系能力和政治关系能力作为因变量，将市场逻辑、引导性政策逻辑作为自变量进行多重共线性检验；其次，将企业转型升级作为因变量，将市场逻辑和引导性政策逻辑作为自变量进行多重共线性检验；最后，将企业转型升级作为因变量，将机会解释和威胁解释作为自变量进行多重共线性检验。根据相关文献可知，方差膨胀因子（VIF）小于 10，表示数据不存在多重共线性问题。检验结果 VIF 值为 1.77，远小于 10 的标准。因此，本书数据不存在严重的多重共线性问题。

2.自相关检验

本书后面所做的回归分析的回归模型的 DW 值均约等于 2，这些 DW 值满足样本数据不存在自相关的 0<DW<4 的取值要求。因此，可以判断本书的样本数据不存在自相关性。

3.异方差检验

本书对后面的各回归模型绘制残差图，各残差图的散点均呈现无序分布。由此可知，本书所涉及的回归模型都没有异方差问题。

5.4.3 制度逻辑与企业转型升级响应行为的回归分析

本书采用层次回归模型法来检验制度逻辑与企业转型升级响应行为之间的关系。为了检验前文第 3 章中的研究假设，本书使用逐步加入相关控制变量与自变量制度逻辑的层次回归模型对数据进行实证分析。回归结果如表 5-12 所示，模型 1 是只有控制变量的以企业转型升级响应行为为因变量的回归模型，模型 2 是在模型 1 的基础上加入市场逻辑的主效应模型，模型 3 是在模型 2 的基础上加入引导性政策逻辑的主效应模型。由表 5-12 中的模型 2 和模型 3 的回归分析可知，市场逻辑和引导性政策逻辑均对企业转型升级响应行为有显著正向影响（β=0.411，P<0.01；β=0.388，P<0.01）。这说明研究假设 H1-1 和 H1-2 获得了支持。

表 5-12 制度逻辑对企业转型升级响应行为影响的回归分析

变　量	企业转型升级响应行为		
	模型1	模型2	模型3
行业性质	−0.042	−0.051	0.034
企业所有制	0.020	−0.006	−0.002
企业规模	0.145*	0.075	0.079
管理者教育水平	−0.049	−0.001	−0.032
市场逻辑	−	0.411**	−
引导性政策逻辑	−	−	0.388**
R^2	0.046	0.185	0.220
调整后 R^2	0.028	0.164	0.201
F 值	2.481**	9.189**	11.479**

注：表中系数为回归模型的标准化系数，n=209，** 表示 P<0.01；* 表示 P<0.05。

5.4.4　管理者认知对制度逻辑与企业转型升级响应行为调节效应的回归分析

根据要研究的问题，本书采用层次回归分析来检验管理者认知对制度逻辑与企业转型升级响应行为之间的关系的调节作用。具体来说，本书使用逐步加入控制变量、自变量、调节变量、自变量与调节变量的交叉项的层次回归模型来进行数据分析。为了减少回归模型中变量间的多重共线性问题，本书采用回归分析的方法检验调节效应，此方法需要把自变量和调节变量中的连续变量进行去中心化处理（陈晓萍、徐淑英、樊景立，2012）。因此，本书首先对自变量市场逻辑和引导性政策逻辑以及调节变量机会解释和威胁解释进行去中心化处理；其次，计算去中心化处理以后的市场逻辑、引导性政策逻辑分别与机会解释和威胁解释的乘积，即自变量和调节变量的交叉项，并将其加入回归模型，回归结果如表 5-13 所示。管理者认知的机会解释和市场逻辑、威胁解释和市场逻辑、机会解释和引导性政策逻辑以及威胁解释和引导性政策逻辑的调节效应检验分别在表 5-13 中的模型 4、模型 5、模型 6 和模型 7 中呈现。由模型 4 可知，机会解释负向调节市场逻辑与企业转型升级响应行为之间的关系（$\beta = -0.143$，$P<0.05$），即研究假设 H8-1 被反向支持；由模型 5 可知，威胁解释负向调节市场逻辑与企业转型升级响应行为之间的关系（$\beta = -0.199$，$P<0.01$），即研究假设 H8-2 获得了支持；由模型 6 可知，机会解释对引导性政策逻辑和企业转型升级响应行为没有调节作用（$\beta = -0.081$，不显著），即研究假设 H9-1 未获得支持；由模型 7 可知，威胁解释负向调节引导性政策逻辑与企业转型升级响应行为之间的关系（$\beta = -0.231$，$P<0.01$），即研究假设 H9-2 获得了支持。

表 5-13　制度逻辑、管理者认知与企业转型升级响应行为之间关系层次回归模型分析结果

变　量	企业转型升级响应行为						
	模型1	模型2	模型3	模型4	模型5	模型6	模型7
行业性质	−0.042	−0.051	0.034	−0.045	−0.039	−0.039	−0.023
企业所有制	0.020	−0.006	−0.002	−0.014	−0.012	−0.008	−0.003
企业规模	0.145*	0.075	0.079	0.063	0.072	0.078	0.084
管理者教育水平	−0.049	−0.001	−0.032	0.012	0.005	−0.023	−0.026

变 量	企业转型升级响应行为						
	模型1	模型2	模型3	模型4	模型5	模型6	模型7
市场逻辑	—	0.411**	—	0.254**	0.345**	—	—
引导性政策逻辑	—	—	0.388**	—	—	0.299**	0.393**
机会解释	—	—	—	0.125*	—	0.062	
威胁解释	—	—	—		−0.061	—	−0.011
市场逻辑 × 机会解释	—	—	—	−0.143*	—	—	—
市场逻辑 × 威胁解释	—	—	—	—	−0.199**	—	—
引导性政策逻辑 × 机会解释	—	—	—	—	—	−0.081	—
引导性政策逻辑 × 威胁解释	—	—	—	—	—	—	−0.231**
R^2	0.046	0.185	0.220	0.224	0.219	0.234	0.273
调整后 R^2	0.028	0.164	0.201	0.197	0.191	0.208	0.247
F 值	2.481**	9.189**	11.479**	8.275**	8.037**	8.7954**	10.769**

注：表中系数为回归模型的标准化系数，** 表示 $P<0.01$；* 表示 $P<0.05$。

为了更好地理解这些显著的交互效应，本书给出了两个双向图（Cohen，West，and Aiken，2014），如图 5-1 和图 5-2 所示。自变量和调节变量设定为它们的均值加减一个标准误差。由图 5-1 可知，与给予高威胁解释的企业相比，给予低威胁解释的企业的市场逻辑对企业转型升级响应行为的影响更加显著，这说明威胁解释在市场逻辑和企业转型升级响应行为之间起负向调节作用，研究假设 H8-2 获得了支持。由图 5-2 可知，与给予高威胁解释的企业相比，给予低威胁解释的企业的引导性政策逻辑对企业转型升级响应行为的影响更加显著，这表明威胁解释在引导性政策逻辑和企业转型升级响应行为之间起负向调节作用，研究假设 H9-2 获得了支持。

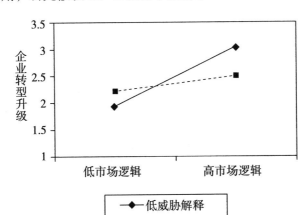

图 5-1　威胁解释对市场逻辑与企业转型升级响应行为关系的调节效应图

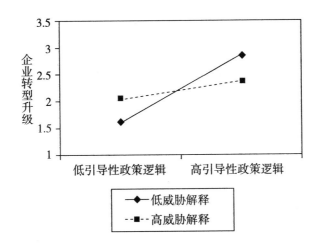

图 5-2　威胁解释对引导性政策逻辑与企业转型升级响应行为关系的调节效应

5.4.5　管理者认知对资源能力与企业转型升级响应行为调节效应的
回归分析

针对管理者认知对资源能力与企业转型升级响应行为之间关系的调节作
用，本书采用层次回归分析方法进行检验。具体来说，本书使用逐步加入控制
变量、自变量、调节变量、自变量与调节变量的交叉项的层次回归模型来进行

数据分析。为了减少回归模型中变量间的多重共线性问题，本书同样先将自变量和调节变量中的连续变量进行去中心化处理。因此，本书首先对自变量技术能力、商业关系能力和政治关系能力以及调节变量机会解释和威胁解释进行去中心化处理；其次，计算去中心化处理以后的技术能力、商业关系能力和政治关系能力分别与机会解释和威胁解释的乘积，即自变量和调节变量的交叉项，并将其加入回归模型，回归结果如表5-14所示。管理者认知的机会解释和技术能力、威胁解释与技术能力、机会解释与商业关系能力、威胁解释与商业关系能力、机会解释与政治关系能力以及威胁解释与政治关系能力的调节效应检验分别在表5-14中的模型9、模型10、模型12、模型13、模型15和模型16中呈现。由模型9可知，机会解释对技术能力与企业转型升级响应行为之间的关系没有调节作用（$\beta = -0.048$，不显著），即研究假设H10-1未获得支持；由模型10可知，威胁解释负向调节技术能力与企业转型升级响应行为之间的关系（$\beta = -0.186$，$P<0.01$），即研究假设H11-1获得了支持；由模型12可知，机会解释对商业关系能力和企业转型升级响应行为之间的关系没有调节作用（$\beta = -0.023$，不显著），即研究假设H10-2未获得支持；由模型13可知，威胁解释负向调节商业关系能力与企业转型升级响应行为之间的关系（$\beta = -0.228$，$P<0.01$），即研究假设H11-2获得了支持；由模型15可知，机会解释对政治关系能力和企业转型升级响应行为之间的关系没有调节作用（$\beta = -0.022$，不显著），即研究假设H10-3未获得支持；由模型16可知，威胁解释对政治关系能力和企业转型升级响应行为之间的关系没有调节作用（$\beta = -0.072$，不显著），即研究假设H11-3未获得支持。

表5-14　企业资源能力、管理者认知与企业转型升级响应行为之间关系层次回归模型分析结果

变　量	企业转型升级响应行为								
	模型8	模型9	模型10	模型11	模型12	模型13	模型14	模型15	模型16
行业性质	−0.012	−0.015	−0.005	−0.054*	−0.053*	−0.047	−0.050	−0.049	−0.039
企业所有制	−0.052	−0.051	−0.052	−0.011	−0.009	−0.017	−0.009	−0.009	−0.008
企业规模	0.061	0.055	0.066	0.075	0.071	0.092*	0.102*	0.097*	0.098*

续　表

变　量	企业转型升级响应行为								
	模型8	模型9	模型10	模型11	模型12	模型13	模型14	模型15	模型16
管理者教育水平	−0.030	−0.021	−0.026	0.013	0.018	0.009	−0.031	−0.025	−0.028
技术能力	0.647**	0.615**	0.637**	—	—	—	—	—	—
机会解释	—	0.078	—	—	0.069	—	—	0.060	—
技术能力 × 机会解释	—	−0.048	—	—	—	—	—	—	—
威胁解释	—	—	0.003	—	—	−0.009	—	—	−0.083
技术能力 × 威胁解释	—	—	−0.186**	—	—	—	—	—	—
商业关系	—	—	—	0.632**	0.594**	0.601**	—	—	—
商业关系 × 机会解释	—	—	—	—	−0.023	—	—	—	—
商业关系 × 威胁解释	—	—	—	—	—	−0.228**	—	—	—
政治关系	—	—	—	—	—	—	0.549**	0.508**	0.536**
政治关系 × 机会解释	—	—	—	—	—	—	—	−0.022	—
政治关系 × 威胁解释	—	—	—	—	—	—	—	—	−0.072
R^2	0.453	0.465	0.481	0.379	0.386	0.414	0.338	0.344	0.353
调整后R^2	0.439	0.446	0.463	0.364	0.364	0.394	0.322	0.321	0.331
F 值	33.572**	24.917**	26.656**	24.763**	18.030**	20.302**	20.750**	15.029**	15.679**

注：表中系数为回归模型的标准化系数，** 表示 $P<0.01$；* 表示 $P<0.05$。

为更好地理解管理者威胁解释对企业技术能力、商业关系能力与企业转型升级响应行为之间关系的调节作用，本书给出了两个双向图，如图 5-3 和图 5-4 所示。图 5-3 显示了威胁解释如何改变企业技术能力与企业转型升级响应行为之间的关系。由图 5-3 可知，与给予高威胁解释的企业相比，给予低威胁解释的企业的市场逻辑对企业转型升级响应行为的影响更加显著，这说明威胁解释在企业技术能力与企业转型升级响应行为之间起负向调节作用，即研究假设 H11-1 获得了支持。由图 5-4 可知，与给予高威胁解释的企业相比，给予低威胁解释的企业的商业关系能力对企业转型升级响应行为的影响更加显著，这说明威胁解释在商业关系能力与企业转型升级响应行为之间起负向调节作用，研究假设 H11-2 获得了支持。

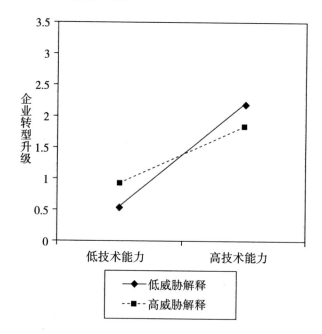

图 5-3　威胁解释对技术能力与企业转型升级响应行为之间关系的调节效应

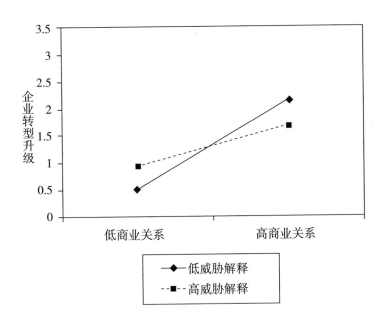

图 5-4　威胁解释对商业关系能力与企业转型升级响应行为之间关系的调节效应

5.4.6　资源能力在制度逻辑与企业转型升级响应行为之间的中介效应检验

如果自变量 X 对因变量 Y 的影响是通过一个中间变量 M 产生的，则 M 被视为中介变量（陈晓萍、徐淑英、樊景立，2012）。本书采用 Baron 和 Kenny（1986）提出的三步骤检验方法来检验资源能力在制度逻辑与企业转型升级响应行为之间的中介作用。第一步，检验自变量 X 对因变量 Y 的影响；如果存在影响，则进行第二步，即检验自变量 X 对中介变量 M 的影响；第三步，在控制中介变量 M 之后，自变量 X 对因变量 Y 的影响消失或者影响系数降低。在本书研究模型中，自变量为制度逻辑（市场逻辑和引导性政策逻辑），因变量为企业转型升级响应行为，中介变量为资源能力（技术能力、商业关系能力和政治关系能力）。

资源能力对市场逻辑和企业转型升级响应行为的中介检验结果如表 5-15 所示。根据 Baron 和 Kenny（1986）提出的三步骤检验方法，本书首先对市场逻辑与企业转型升级响应行为进行检验，从模型 2 可以看出，结果显著（$\beta=0.411$，$P<0.01$），检验第一步获得通过，即研究假设 H1-1 得到了支持。其次，本书分别检验市场逻辑与技术能力、商业关系能力和政治关系

能力之间的关系，模型 17、模型 18 和模型 19 分别呈现的结果为 $\beta=0.353$，$P<0.01$；$\beta=0.487$，$P<0.01$；$\beta=0.564$，$P<0.01$，这表示结果通过第二步检验，即研究假设 H2-1、H2-2 和 H2-3 得到了支持。再次，本书检验技术能力、商业关系能力和政治关系能力和企业转型升级响应行为之间的关系，模型 8、模型 11 和模型 14 所呈现的结果为 $\beta=0.647$，$P<0.01$；$\beta=0.632$，$P<0.01$；$\beta=0.549$，$P<0.01$，这表示研究假设 H4-1、H4-2 和 H4-3 检验通过。最后，在控制技术能力、商业关系能力和政治关系能力之后，市场逻辑与转型升级响应行为之间的关系消失和系数降低了。具体结果见模型 20、模型 21 和模型 22，即技术能力在市场逻辑与企业转型升级响应行为之间起部分中介作用（$\beta=0.204<0.411$，$P<0.01$），研究假设 H5-1 得到了支持；商业关系能力在市场逻辑与企业转型升级响应行为之间起完全中介作用（$\beta=0.134<0.411$，不显著），研究假设 H6-1 得到了支持；政治关系能力在市场逻辑与企业转型升级响应行为之间起完全中介作用（$\beta=0.139<0.411$，不显著），研究假设 H7-1 得到了支持。

表 5-15　资源能力对市场逻辑和企业转型升级响应行为中介作用的回归结果

变量	转型升级响应行为	技术能力	商业关系能力	政治关系能力	企业转型升级响应行为					
模型	模型 2	模型 17	模型 18	模型 19	模型 8	模型 20	模型 11	模型 21	模型 14	模型 22
行业性质	−0.051	−0.055	0.008	0.002	−0.012	−0.019	−0.054*	−0.056	−0.050	−0.052*
企业所有制	−0.006	0.089	0.018	0.018	−0.052	−0.059	−0.011	−0.017	−0.009	−0.015
企业规模	0.075	0.070	0.028	−0.018	0.061	0.034	0.075	0.059	0.102*	0.084
管理者教育水平	−0.001	0.012	−0.042	0.034	−0.030	−0.008	0.013	0.023	−0.031	−0.017
市场逻辑	0.411**	0.353**	0.487**	0.564**	—	0.204**	—	0.134	—	0.139

续　表

变　量	转型升级响应行为	技术能力	商业关系能力	政治关系能力	企业转型升级响应行为					
模型	模型 2	模型 17	模型 18	模型 19	模型 8	模型 20	模型 11	模型 21	模型 14	模型 22
技术能力	—	—	—	—	0.647**	0.586**	—	—	—	—
商业关系能力	—	—	—	—	—	—	0.632**	0.568**	—	—
政治关系能力	—	—	—	—	—	—	—	—	0.549**	0.482**
R^2	0.185	0.166	0.262	0.279	0.453	0.390	0.379	0.390	0.338	0.350
调整后 R^2	0.164	0.145	0.243	0.261	0.439	0.372	0.364	0.372	0.322	0.330
F 值	9.189**	8.081**	14.380**	15.677**	33.572**	21.535**	24.763**	21.535**	20.750**	18.111**

注：$n=209$，** 表示 $P<0.01$；* 表示 $P<0.05$。

资源能力对引导性政策逻辑和企业转型升级响应行为的中介检验结果如表 5-16 所示。同样根据 Baron 和 Kenny（1986）提出的三步骤检验方法，本书首先对引导性政策逻辑与转型升级响应行为进行检验，从模型 3 可以看出，结果显著（$\beta=0.388$，$P<0.01$），检验第一步获得通过，即研究假设 H1-2 得到了支持。其次，本书分别检验引导性政策逻辑与技术能力、商业关系能力和政治关系能力之间的关系，模型 23、模型 24 和模型 25 分别呈现的结果为 $\beta=0.399$，$P<0.01$；$\beta=0.418$，$P<0.01$；$\beta=0.478$，$P<0.01$，这表示结果通过第二步检验，即研究假设 H3-1、H3-2 和 H3-3 得到了支持。再次，本书检验技术能力、商业关系能力与政治关系能力与企业转型升级响应行为之间的关系，模型 8、模型 11 和模型 14 呈现的结果为 $\beta=0.647$，$P<0.01$；$\beta=0.632$，$P<0.01$；$\beta=0.549$，$P<0.01$，这表示研究假设 H4-1、H4-2 和 H4-3 检验通过。最后，在控制技术能力、商业关系能力和政治关系能力之后，引导性政策逻辑与转型升级响应行为之间的关系消失和系数降低了，具体见模型 26、模型 27 和模型 28，即技术能力在引导性政策逻辑与企业转型升级响

应行为之间起部分中介作用（β=0.160<0.388，$P<0.01$），研究假设 H5-2 得到了支持；商业关系能力在引导性政策逻辑与企业转型升级响应行为之间起部分中介作用（β=0.164<0.388，$P<0.01$），研究假设 H6-2 得到了支持；政治关系能力在引导性政策逻辑与企业转型升级响应行为之间起部分中介作用（β=0.173<0.388，$P<0.01$），研究假设 H7-2 得到了支持。

表 5-16　资源能力对引导性政策逻辑和企业转型升级响应行为起中介作用的回归结果

变　量	转型升级响应行为	技术能力	商业关系能力	政治关系能力	企业转型升级响应行为					
模型	模型 3	模型 23	模型 24	模型 25	模型 8	模型 26	模型 11	模型 27	模型 14	模型 28
行业性质	0.034	−0.039	0.027	0.023	−0.012	−0.012	−0.054*	−0.049*	−0.050	−0.045
企业所有制	−0.002	0.089	0.025	0.026	−0.052	−0.053	−0.011	−0.016	−0.009	−0.014
企业规模	0.079	0.063	0.040	−0.003	0.061	0.044	0.075	0.058	0.102*	0.081
管理者教育水平	−0.032	−0.012	−0.080*	−0.011	−0.030	−0.025	0.013	0.011	−0.031	−0.027
引导性政策逻辑	0.388**	0.399**	0.418**	0.478**	—	0.160**	—	0.164**	—	0.173**
技术能力	—	—	—	—	0.647**	0.571**	—	—	—	—
商业关系能力	—	—	—	—	—	—	0.632**	0.537**	—	—
政治关系能力	—	—	—	—	—	—	—	—	0.549**	0.450**
R^2	0.220	0.245	0.270	0.283	0.453	0.477	0.379	0.402	0.338	0.363
调整后 R^2	0.201	0.226	0.252	0.265	0.439	0.461	0.364	0.385	0.322	0.344
F 值	11.479**	13.166**	15.016**	15.989**	33.572**	30.663**	24.763**	22.657**	20.750**	19.217**

注：n=209，** 表示 $P<0.01$，* 表示 $P<0.05$。

为了进一步验证资源能力在制度逻辑与企业转型升级响应行为之间起中介

效应研究结论的稳健性，本书运用自助法（bootstrap）检验中介效应稳健性，将样本量设置为 5 000，置信区间设置为 95%，对技术能力、商业关系能力和政治关系能力中介效应进行稳健性检验，检验结果如表 5-17 所示。由表 5-17 可以看出，技术能力、商业关系能力和政治关系能力的中介效应置信区间均不包含 0，这说明资源能力在制度逻辑与企业转型升级响应行为之间起中介作用。因此，本书拒绝接受间接效应为 0 的假设。据此，资源能力在制度逻辑与企业转型升级响应行为之间起中介作用的研究假设得到了支持。

表 5-17　企业资源能力的中介效应模型 bootstrap 分析

类　别		效应量系数 下限	95%置信区间	
			下限	上限
市场逻辑	技术能力	0.207**	0.116	0.315
	商业关系能力	0.277**	0.158	0.425
	政治关系能力	0.272**	0.146	0.429
引导性政策逻辑	技术能力	0.228**	0.148	0.329
	商业关系能力	0.224**	0.128	0.355
	政治关系能力	0.215**	0.119	0.341

注：** 表示 $P<0.01$；* 表示 $P<0.05$。

5.4.7　市场逻辑和引导性政策逻辑兼容关系对企业转型升级响应行为的影响

为了探索市场逻辑和引导性政策逻辑兼容关系对企业转型升级响应行为的影响，本书进行了实证检验，结果如表 5-18 所示。由表 5-18 结果可知，引导性政策逻辑并没有对市场逻辑与企业转型升级响应行为起到协同作用（$\beta=-0.021$，不显著）。可知，假设 H12 未获得支持。

表 5-18　模型 29 制度逻辑兼容关系对企业转型升级响应行为的影响

变　量	转型升级响应行为
行业性质	−0.039
企业所有制	−0.011
企业规模	0.063
管理者教育水平	−0.012
市场逻辑	0.169
引导性政策逻辑	0.279**
市场逻辑 × 引导性政策逻辑	−0.021
R^2	0.239
调整后 R^2	0.212
F 值	9.001**

注：n=209，** 表示 $P<0.01$；* 表示 $P<0.05$。

5.5　本章小结

本章首先对样本数据进行了分析，主要包括各个变量的描述性统计分析、信度和效度检验（包括制度逻辑、管理者认知、资源能力和企业转型升级响应行为）、共同方法偏差检验等。其次，本书运用层次回归分析方法分别检验了制度逻辑对企业转型升级响应行为影响的研究假设、管理者认知对制度逻辑与企业转型升级响应行为之间关系的调节作用、管理者认知对资源能力与企业转型升级响应行为之间关系的调节作用、资源能力在制度逻辑与企业转型升级响应行为之间关系的中介作用，并用 bootstrap 方法对资源能力在制度逻辑与企业转型升级响应行为之间的中介作用做了稳健性检验。最后，本书对制度逻辑兼容关系对企业转型升级响应行为的影响进行了检验。

第6章 研究结果与讨论

本书通过大样本数据进行实证分析得到了相关研究结果。实证结果表明大部分研究假设得到了支持。本章就这些研究结果进行讨论，并在此基础上对企业和政府相关部门提出相应的对策建议。

6.1 本书的研究结果汇总

本书通过前文的文献回顾、理论分析和逻辑推导提出了 28 个研究假设，基于问卷调查的样本数据主要运用层次回归分析方法对研究假设进行了检验。研究结果显示：有 21 个研究假设获得支持，7 个研究假设未获得支持。具体检验结果如表 6-1 所示。

表 6-1 本书的研究假设检验结果汇总

类 别	假 设	研究假设内容	检验结果
制度逻辑效应	H1-1	市场逻辑强度与企业转型升级响应行为呈正相关关系	支持
	H1-2	引导性政策逻辑强度与企业转型升级响应行为呈正相关关系	支持

类　别	假　设	研究假设内容	检验结果
企业资源能力中介效应	H2-1	市场逻辑对企业技术能力有显著正向影响	支持
	H2-2	市场逻辑对企业商业关系能力有显著正向影响	支持
	H2-3	市场逻辑对企业政治关系能力有显著正向影响	支持
	H3-1	引导性政策逻辑对企业技术能力有显著正向影响	支持
	H3-2	引导性政策逻辑对企业商业关系能力有显著正向影响	支持
	H3-3	引导性政策逻辑对企业政治关系能力有显著正向影响	支持
	H4-1	技术能力对企业转型升级响应行为有显著正向影响	支持
	H4-2	商业关系能力对企业转型升级响应行为有显著正向影响	支持
	H4-3	政治关系能力对企业转型升级响应行为有显著正向影响	支持
	H5-1	技术能力在市场逻辑与企业转型升级响应行为之间起中介作用	支持
	H5-2	技术能力在引导性政策逻辑与企业转型升级响应行为之间起中介作用	支持
	H6-1	商业关系能力在市场逻辑与企业转型升级响应行为之间起中介作用	支持
	H6-2	商业关系能力在引导性政策逻辑与企业转型升级响应行为之间起中介作用	支持
	H7-1	政治关系能力在市场逻辑与企业转型升级响应行为之间起中介作用	支持
	H7-2	政治关系能力在引导性政策逻辑与企业转型升级响应行为之间起中介作用	支持

续　表

类　别	假　设	研究假设内容	检验结果
管理者认知调节效应	H8-1	机会解释正向调节市场逻辑与企业转型升级响应行为之间的关系	不支持
	H8-2	威胁解释负向调节市场逻辑与企业转型升级响应行为之间的关系	支持
	H9-1	机会解释正向调节引导性政策逻辑与企业转型升级响应行为之间的关系	不支持
	H9-2	威胁解释负向调节引导性政策逻辑与企业转型升级响应行为之间的关系	支持
	H10-1	机会解释正向调节技术能力与企业转型升级响应行为之间的关系	不支持
	H10-2	机会解释正向调节商业关系能力与企业转型升级响应行为之间的关系	不支持
	H10-3	机会解释正向调节政治关系能力与企业转型升级响应行为之间的关系	不支持
管理者认知调节效应	H11-1	威胁解释负向调节技术能力与企业转型升级响应行为之间的关系	支持
	H11-2	威胁解释负向调节商业关系能力与企业转型升级响应行为之间的关系	支持
	H11-3	威胁解释负向调节政治关系能力与企业转型升级响应行为之间的关系	不支持
两种逻辑关系效应	H12	市场逻辑和引导性政策逻辑兼容关系对企业转型升级响应行为有正向影响	不支持

6.2　本书的研究结果讨论

6.2.1　制度逻辑与企业转型升级响应行为关系的讨论

本书以制度逻辑为自变量，将企业转型升级响应行为作为因变量进行实证分析，实证研究结果表明：制度逻辑对企业转型升级响应行为有显著正向影响。制度逻辑理论认为制度环境是复杂多变的，因此需要将组织置于具体情境进行研究（Thornton，Crescenzi，and Ocasio，2008）。已有研究也考察了外部环境对企业转型升级的影响，如制度环境（Ascani, Crescenzi, and Iammarino, 2016；Park and Luo, 2001）、区域政策（邱红、林汉川，2014）和外商直接投资（魏龙、王磊，2017）等外部环境对企业转型升级的作用，但这些研究大多将制度环境看作一个统一整体或者仅从制度的某一构面出发来考虑其对企业转型升级的影响，而未考虑制度复杂性呈现出来的多中心性可能对组织行为产生的异质性影响，因而出现了不一致的研究结论。如有学者研究发现政府大力营造良好的技术创新环境有利于企业快速实现升级（Raymond et al., 2015），而另外一些研究却认为技术创新环境抑制了企业的转型升级（史安娜、李兆明、黄永春，2013）。同时，现有关于制度逻辑理论的研究大多是基于西方情境展开的，而对东方情境下的制度逻辑理论研究稍显不足。因此，本书基于中国转型经济背景运用制度逻辑理论对企业转型升级响应行为进行了探索，拓宽了制度逻辑理论的适用边界。此外，制度逻辑理论认为，社会是一个交互制度系统，多种逻辑共存于社会当中，组织需要针对不同逻辑做出响应。基于此研究假设，本书进一步根据中国企业面临的具体情境将制度逻辑分为市场逻辑和引导性政策逻辑两大逻辑，并对两大逻辑对企业转型升级响应行为的影响做了深入分析。研究发现：市场逻辑越强，企业转型升级顺从程度越高；引导性政策逻辑越强，企业转型升级顺从程度越高。这与现有研究结论一致。如 Zhao 和 Lounsbury（2016）研究发现市场逻辑越强，小额信贷组织越容易获得商业和公众资本投资。郑莹、陈传明、张庆垒（2015）研究显示，市场逻辑越强，企业会更关注外部政策环境的变化。刘振等（2015）的研究表明：市场逻辑越强，社会企业获得合法性的意愿越高。猴倩雯、蔡宁（2015）研究发现：国有企业受政府逻辑的影响更大，其环境行为更多反映出公共利益诉求，从而倾向于采取实质性战略。因此，本书的研究结论进一步验证了市场逻辑和政府逻辑对企业战略行为的影响，深化了制度逻辑理论关于社会是一个交互制度系统的研究。此外，从政府逻辑维度测量来看，现有文献主要采用企业性质即国有企业作为替代变量进行分析，且考察的是政府逻辑对企业行为的间接影响（猴倩雯、蔡宁，2015；张劲等，2018）。本书分析了当前中国政府出台的主要是引导企业转型升级政策，因此对政府逻辑做了进一步细化，考察了引导性政策逻辑对企业转型升级的影响，并运用大样本问卷调查方法对引导性政策逻辑进行了测量和检验。这是对制度逻辑文献研究的有益补充，同时回应了加强中国情境下制度逻辑对企业战略行为影响研究的呼吁（梁强、徐二明，2018）。

本书研究结果还表明：市场逻辑对企业转型升级响应行为的作用要大于引导性政策逻辑对企业转型升级响应行为的作用（市场逻辑的系数为 0.411，引导性政策逻辑的系数为 0.388）。由此可知，企业转型升级的动力更多的是来自市场逻辑的影响。随着市场环境越来越动荡、生产要素价格的不断提升以及客户多样化需求的增加，企业面临的竞争越来越激烈，市场压力成为企业转型升级的内在动力。本书的研究结论也验证了绩效越差的企业更倾向于进行战略转型（Greenwood et al.，2010）。虽然已有文献研究了市场逻辑和政府逻辑对组织行为的影响，但并未揭示出哪一种逻辑的作用更大。本书通过实证检验给出了一个比较明确的答案。

6.2.2　资源能力在制度逻辑与企业转型升级响应行为之间起中介作用的讨论

本书研究结果显示，资源能力在制度逻辑与企业转型升级响应行为之间起中介作用，从资源能力和制度逻辑具体维度来看，即技术能力、商业关系能力和政治关系能力分别在市场逻辑与企业转型升级响应行为之间起中介作用；技术能力、商业关系能力和政治关系能力分别在引导性政策逻辑与企业转型升级响应行为之间起中介作用。因此，相关假设都获得了支持。下面对资源能力的中介作用进行具体讨论。

1.制度逻辑与企业资源能力之间关系的讨论

从本书研究实证结果来看，制度逻辑（市场逻辑和引导性政策逻辑）对企业资源能力（技术能力、商业关系能力和政治关系能力）的塑造有正向影响。本书将制度逻辑作为前因变量检验了其对企业资源能力的影响，这与现有研究一致，即外部制度环境对企业资源能力有形塑作用（Robertson and Paul，2003）。本书基于制度逻辑理论分析认为，组织是处于具体情境中的行为主体，因此其必须对不同制度逻辑做出相应的回应。当前中国企业面临的最大情境是市场逻辑和政府逻辑两种逻辑共存的经营环境。市场逻辑强调的是效率性，而政府逻辑强调的是合法性。因此，企业面临这样一个复杂的制度情境，必须培育自身相关的能力以实现效率性和合法性的统一。技术能力是企业提升核心竞争力的关键，而关系能力是实现企业更好发展的润滑剂，两者相辅相成，为企业战略行为提供帮助，这是由中国转型经济特征所决定的。进一步地，本书研究结果发现两种制度逻辑对技术能力和关系能力的影响程度有所不同，具体分析如下。

一方面，市场逻辑和引导性政策逻辑对技术能力均在 1% 水平上有显著影响，系数分别为 0.353 和 0.399，这说明引导性政策逻辑对企业技术能力的培育作用更大。究其原因，本书认为这与中国转型经济特殊背景有关。虽然随着市场经济体制的建立和不断完善，市场效率在不断提高，但是政府对经济活动的宏观调控并没有削弱。为使经济得到稳定发展，我国政府出台了一系列旨在提升产业和企业竞争力的政策，如《工业转型升级规划（2011—2015 年）》《信息化和工业化深度融合专项行动计划（2013—2018 年）》《中央国有资本经营预算重点产业转型升级与发展资金管理办法》和《中国制造 2025》。这些从税收减免、财政补贴等方面促进企业转型升级的政策安排弥补了企业研发资金缺口，使企业有更多资金投入产品研发和技术创新，从而极大地提升了企业核心竞争力。从这个结果来看，政府引导性政策对企业技术能力的提升起到了非常重要的作用。

另一方面，市场逻辑和引导性政策逻辑对企业关系能力均有正向影响，但市场逻辑对企业关系能力的影响（系数分别是 0.487 和 0.564）比引导性政策逻辑对企业关系能力的影响（系数分别是 0.418 和 0.478）更大。对此，本书从嵌入视角和信息经济学方面进行分析。首先，从嵌入视角出发，Granovette（1985）认为经济行为不能完全嵌入社会关系中，但也不能和社会关系没有任何交集。因此，处于转型经济背景下的中国企业在提高自身技术能力的同时，会更加注重对关系能力的培育。例如，虽然经济发达地区的市场化程度较高，但市场并未成熟，其仍然保留着转型经济的一些特征。所以，企业为保持市场当中的优势地位，除了提升自身技术水平，还会重视关系能力的建立，包括与供应商、消费者和政府等相关利益群体关系的建立和维持，从而建立一个良好的社会关系网络，促进发展。例如，企业可以通过"干中学（在实践中学）"知道如何向政府获取更多政策资源和信息。因此，企业必须适当嵌入社会网络关系中，以便为自身发展创造一个良好的外部经营环境。其次，从信息经济学视角来看，由于市场化程度整体不高，因此信息存在不对称、不充分的情形。信息的缺乏可能会导致企业决策失误进而造成损失。因此，为了能够得到更多信息，降低不必要的成本消耗，减少亏损，企业需要与相关利益群体建立和维持良好的合作关系，尤其是在经济欠发达地区，由于市场化程度低，企业所处的外部环境更加不确定，经营风险很大，因而企业会更积极地与相关利益者建立和保持良好的合作关系。总之，企业要时刻关注外部环境的变化，以提高自身的应对能力。

综上所述，本书研究结果表明市场逻辑和引导性政策逻辑都对企业的技术能力和关系能力有正向影响，但引导性政策逻辑对企业技术能力的培育影响更大，而市场逻辑对企业关系能力的塑造影响更大。虽然现有文献研究了外部环境对企业能力塑造的影响，但并未揭示不同制度逻辑对企业具体资源能力的作用大小，也就不清楚哪种能力对企业战略选择更重要。因此，本书结合中国情境研究所得出的结果是对已有研究的进一步深化。

2. 资源能力与企业转型升级响应行为之间关系的讨论

本书研究结果表明：资源能力（技术能力、商业关系能力和政治关系能力）对企业转型升级响应行为有积极正向影响。这与已有文献研究结果一致（孔伟杰，2012；Park and Luo，2001）。一方面，技术能力能促进企业转型升级，并成为企业转型升级成功的战略性要素（贺小刚、连燕玲、吕斐斐，2016）。由于技术能力具有公共物品的特征，因此企业能以较低成本甚至是零成本对其进行复制和转移（Martin and Salomon，2003）。同时，企业的技术能力难以被外部市场模仿，这促进了企业对技术创新的投入，从而形成核心竞争力。相关研究也表明，企业的"行业专家"型能力（对应本书的技术能力）能使企业在同一行业或相关行业进行区域扩张（曾萍、宋铁波，2013）。因此，企业为扩大收益，自然会利用技术创新来获得高绩效水平和可持续发展。例如，华为技术有限公司对技术研发的持续投入，使其获得了核心竞争力，促进了其产品不断升级，不仅提高了公司绩效水平，而且实现了跨区域经营目标。另一方面，关系能力能帮助企业在社会网络关系中获得收益和关键性资源，从而实现不同市场的拓展和延伸。已有研究表明，企业和商业关系网络中的供应商与同行等建立良好的关系，可以减少冲突，降低成本，而与政府相关部门建立关系可以使企业获得关键性资源（Park and Luo，2001），如市场准入资格，这样企业就可以实现跨行业或跨区域经营的资格。总之，中国转型经济背景下的特殊制度环境决定了企业转型升级不仅会受到技术能力的制约，而且会受到关系能力的制约。因此，企业的技术能力和关系能力对企业转型升级能否成功至关重要。

3.资源能力对制度逻辑与企业转型升级响应行为起中介作用的讨论

制度复杂性给企业带来了机遇和挑战，企业能否抓住机遇迎接挑战？如果要抓住机会或者规避风险，企业又应该具备什么样的资源能力？其具体作用机制又是什么？对这些问题的讨论自然而然地会转移到企业自身资源能力上来。资源基础观认为，企业拥有的有价值的、稀缺的、难以模仿的和不可替代的资源是其获取竞争优势的源泉（Barney，1991）。该理论强调企业资源的异质性，且这种异质性的资源是不容易转移的。因此，转型经济背景下，制度的复杂性使企业需要整合自身的资源能力进而实现转型升级。本书研究表明，技术能力、商业关系能力和政治关系能力在市场逻辑和引导性政策逻辑与企业转型升级响应行为之间起中介作用。这说明如果企业没有与外部环境相匹配的资源能力，即使外部环境给企业带来了机会，企业也没能力去把握。本书研究结论解释了实践当中部分企业在市场压力和政府号召双重制度压力下并没有进行转型升级的内在原因。

首先，从现有研究来看，学者大多将资源能力作为前因变量分析了企业的转型升级，不仅考察了技术能力对企业转型升级的影响，而且考察了企业文化（George and Mckeown，2004）、学习能力（毛蕴诗、姜岳新、莫伟杰，2009）、领导风格（张海涛、龙立荣，2015）和资本存量（魏龙、王磊，2017）等资源能力因素对企业转型升级的影响。不可否认的是，企业的这些资源能力对战略转型发挥了重要作用。然而，已有关于资源能力对企业战略变革作用的研究得出的结论却不一致，如有的研究认为资源能力能促进企业战略变革（Carpenter，2000），有的研究却认为资源能力对企业战略变革有阻碍作用（Kraatz and Zajac，2001）。显然，并不是所有的资源和能力都对企业战略变革有帮助。因此，如果仅考虑资源能力对企业战略变革的作用并不能充分解释企业异质性行为现象。任何企业都是处于具体环境之中的，而企业所面临的这种环境会塑造企业相应的能力，只有那些与企业发展相匹配的资源和能力才能促进企业战略变革。换言之，转型经济背景下多重制度逻辑的存在使企业塑造了应对外部复杂环境的技术能力和关系能力，并通过这些资源能力实现了战略变革。

其次，本书将资源能力划分为技术能力和关系能力（商业关系能力和政治关系能力），考察了资源能力对制度逻辑与企业转型升级之间关系的中间作用机制。现有部分文献分析了技术能力和关系能力对企业战略变革的影响。例如，汪秀琼、蓝海林（2012）将技术能力和关系能力作为中介变量对企业跨区域市场进入模式进行研究发现，关系能力对企业跨区域市场进入模式有影响，而技术能力对企业跨区域市场进入模式的影响未得到验证。王永健（2014）将技术能力和政治关系能力作为前因变量对企业地域多元化进行了探讨，发现技术能力和政治关系能力均对企业地域多元化有影响。技术能力和关系能力都属于企业的无形资产，两者的特性有所不同，尤其是在转型经济背景下的中国，这两种能力对企业转型升级发挥着不同的作用。一方面，已有研究表明技术能力对企业转型升级有促进作用（孔伟杰，2012）。随着信息技术的飞速发展，客户需求呈现多样化特征，市场的集中性和多样性也在不断增强（Nadkarni and Barr，2008）。为保持和提升现有市场份额，企业必然通过产品改造和升级来增加产品的差异化，以满足客户的多样化需求。因此，通过技术创新实现转型升级是企业提高绩效水平的重要途径。此外，技术能力还能帮助企业获得政府支持。产业的调整和升级离不开技术创新。因此，各地方政府对拥有核心技术能力的企业都伸出了橄榄枝，尤其对高新技术企业给予了土地、税收和融资等方面的优惠政策，希望这些企业能优化当地的产业结构，从而实现转型升级目标（宋铁波、蓝海林、曾萍，2010）。可见，技术能力对企业可持续发展和产业结构调整升级都发挥着重要的作用，它是企业不可缺少的一个能力。另一方面，中国转型经济背景下，制度的复杂性、模糊性和矛盾性使企业的非市场能力（如关系能力）作用显得尤为重要。因此，企业要想通过转型升级获取高绩效，需要在不同制度逻辑要求下，在发展技术能力的同时培育关系能力。Park 和 Luo（2001）研究发现企业与供应商、消费者、同行和政府等建立良好的合作关系可以避免交易伙伴的投机行为，不仅可以为企业提供必要的信息和资源，降低行政干预的成本，还可以为企业获得市场准入资格，扫除市场进入障碍等。因此，处于制度复杂性下的中国企业不能忽视对关系能力的培育。综上所述，本书通过技术能力和关系能力进一步验证了现有文献关于制度与企业战略变革间的中间路径研究。

最后，现有少量文献采用技术能力和关系能力作为中介变量对制度与企业战略变革进行了分析（汪秀琼、蓝海林，2012），但汪秀琼、蓝海林（2012）的研究是从制度基础观视角出发，按照 Scott（1995）的制度理论将制度环境分为管制制度和规范制度两个维度对企业进入模式进行了分析，与本书从制度逻辑（市场逻辑和引导性政策逻辑）理论研究视角有所不同。此外，现有文献研究还发现并不是同样的制度环境都会给企业带来相同的战略选择（史安娜、李兆明、黄永春，2013；Raymond et al.，2015）。由此可知，已有研究尚未完全洞察制度复杂性下企业战略变革背后的动机。因此，本书通过实证研究检验了技术能力和关系能力在制度逻辑与企业转型升级之间起中介作用，打开了制度逻辑与企业转型升级之间的"黑箱"，识别了转型经济背景下企业实现转型升级的中间路径。

综合上述分析，本书得出结论：制度逻辑对企业资源能力有形塑作用，而资源能力对企业转型升级有正向影响。本书的实证结果打开了制度逻辑与企业转型升级之间的"黑箱"，并从企业资源能力视角分析了制度逻辑、企业资源能力与企业转型升级之间的关系，建立了变量之间的中间传导机制，揭示了制度逻辑与企业转型升级之间的中间路径。具体而言，技术能力、商业关系能力和政治关系能力在市场逻辑和企业转型升级之间均起完全中介作用；技术能力、商业关系能力和政治关系能力在引导性政策逻辑与企业转型升级之间均起部分中介作用。

6.2.3 管理者认知对制度逻辑与企业转型升级响应行为之间关系具有调节效应的讨论

本书研究结果表明：管理者的威胁解释对市场逻辑和引导性政策逻辑与企业转型升级响应行为均起负向调节作用，支持了研究假设 H8-2 和 H9-2；管理者的机会解释对市场逻辑与企业转型升级响应行为起负向调节作用，反向支持了研究假设 H8-1，而管理者的机会解释对引导性政策逻辑与企业转型升级行为没有调节作用，研究假设 H9-1 未获得支持。由此可知，管理者的威胁解释的调节作用都得到了支持，而管理者的机会解释的调节作用均未获得支持。本书研究结果对于解释转型经济背景下制度复杂性与企业战略变革有重要意义。当前，制度环境是复杂多变的，尤其是信息技术的不断发展、新产品的开发和新的商业模式的不断涌现，使企业面临的任务环境高度动荡。同时，政府也在根据宏观环境的变化制定新的政策以促进经济发展。在此情况下，组织中的决策者和其他个体成员如何关注、感知及响应制度复杂性显得愈发重要。因此，企业管理者需要进一步明晰组织响应制度复杂性的微观层次认知与情感机制，以及不同层次响应行为之间的交互影响，更需要对外部环境做出一个合理解释，并对下一步行动提出合理建议（Daft and Weick，1984）。

现有研究发现管理者认知对企业战略变革有着重要影响，但主要集中在管理者的知识结构和注意力配置或关注焦点上。例如，Muratova（2015）研究发现拥有省外经验的中国民营企业家是跨省并购的驱动因素。Kim，Kim 和 Foss（2016）研究发现管理者注意力的不断转换对企业创新绩效有积极影响，而CEO 对战略要素相似企业群体的关注提高了企业的绩效水平（Surroca et al.，2016）。Li 等（2013）的研究表明高管团队的注意力会影响新产品的推出，而管理者的搜索广度与过程创新结果呈负相关关系，搜索深度与过程创新结果呈正相关关系（Terjesen and Patel，2017）。但是，处于转型经济背景下的企业管理者更需要对复杂多变的制度环境做出判断和解释，这样才能更好地实施战略行动。因此，本书从管理者解释角度对企业战略变革进行了研究。

　　此外，现有文献对制度与企业战略变革研究结果主要有两种观点。一种是以制度复杂性为代表，其认为两者是负相关关系（Greenwood et al.，2010；Heese et al.，2016；Leppaaho and Pajunen，2018；李宏贵、谢蕊、陈忠卫，2017；猴倩雯、蔡宁，2015）。原因在于制度复杂性所表现出来的模糊性、易变性、冲突性和矛盾性等给企业带来了极大的不确定性。模糊性主要表现为制度逻辑和制度要求难以预测；易变性主要表现为制度逻辑与制度要求的快速变化，以致朝令夕改、执行变异等现象普遍存在；冲突性或矛盾性主要表现为制度逻辑与制度要求之间的冲突与矛盾更为显著，协调与包容的难度更大（邓少军等，2018）。因此，为降低不确定性，企业通常会采取不变革的保守措施来应对（Hahn et al.，2014），即企业转型升级意愿程度低。另一种是以组织社会学学派的制度理论为代表，其认为两者是正相关关系（Moon and De Leon，2007；Lu et al.，2013；Khan and Lactiy，2014；Yang et al.，2015）。制度理论强调合法性和同构行为（DiMaggio and Powell，1983）。当企业面临的制度复杂多变而不可预测时，企业可能会放弃组织内部效率而换取组织外部的合法性，即外部环境压力对企业影响更大。具体而言，当企业面临转型升级制度压力时，不得不更多地考虑企业合法性问题以获得生存。换言之，在行业内有部分企业开始转型升级以及政府号召转型升级的情况下，其他企业出于合法性考虑则会进行转型升级。因此，从制度理论角度来看，制度与企业战略变革是正相关关系。

　　对于为什么会出现上述两种截然不同的结论，本书的研究结果给出了答案，即制度逻辑与企业转型升级之间的关系会受到管理者认知的影响：管理者认知的威胁解释对制度逻辑与企业转型升级之间的关系起负向调节作用。换言之，当企业面临复杂多变的制度环境时，管理者认为此种环境不可控、不可预测会给出威胁解释，从而弱化了转型升级意愿，即企业转型升级顺从程度低。但是，管理者的机会解释对制度逻辑与企业转型升级之间的关系的调节作用未得到支持。对此，本书做出如下分析。

第一，对于机会解释的调节作用不显著，可以用 Jackson and Dutton（1988）提出的"威胁偏见（threat bias）"观点进行说明。威胁偏见认为决策者更关注可能存在的对企业不利的信息。当决策者没有获得充分信息时，其更倾向于对外部环境给出威胁解释，而不是机会解释。即使管理者得到的信息并不存在威胁，其也不敢轻易做出机会解释，除非有完全充分的信息让管理者认为威胁确实不存在。具体而言，管理者的机会解释是指决策者认为有能力判断企业面临的外部环境风险，从而对企业战略行为做出选择。但是，由于有威胁偏见的存在，即使管理者有能力判断和控制存在的风险，也不会轻易采取战略行动。

第二，结合转型升级本身来解释为什么机会解释的调节作用未得到支持。转型升级作为一项战略变革行动，本身具有很高的风险。转型升级涉及企业的方方面面，如组织结构的改变、研发体系的建立、跨行业和跨区域的经营、生产和管理模式的创新以及融资方式的改变等，这些都属于转型升级的范畴。对于这样一个庞杂的变革工程，企业要有充足的人力、物力、财力和其他与转型升级相匹配的资源能力。这是进行转型升级的前提条件。具备这些条件之后，企业还需要有统筹和协调这些资源的能力，否则容易陷入混乱，甚至导致变革失败。现实中，有不少企业转型升级没有成功，除了外部因素的影响，如市场化程度不高导致信息不对称和不充分增加了企业不可控的风险，以及政府制定的相关政策可能存在模糊性和易变性，以致朝令夕改、执行变异等现象发生（邓少军、芮明杰、赵付春，2018）导致的不可控局面，企业自身的硬件能力和软件能力也是制约转型升级成功的因素。此外，现有研究表明，战略变革对企业的绩效有负向影响（Naranjo-Gil，Hartmann，and Mass，2008）。总而言之，转型升级本身的复杂性和存在的诸多不确定性有可能会导致企业绩效下滑，或者影响企业的良好声誉。因此，管理者更倾向于对转型升级做出威胁解释，厌恶风险的本能更让企业不愿意进行转型升级，从而削弱了制度逻辑对企业转型升级的正向影响。

6.2.4　管理者认知对资源能力与企业转型升级响应行为之间关系具有调节效应的讨论

本书研究结果表明：管理者的威胁解释对技术能力和商业关系能力与企业转型升级响应行为之间的关系均起负向调节作用，支持了研究假设 H11-1 和 H11-2；管理者的威胁解释对政治关系能力与企业转型升级响应行为之间的关系没有调节作用，研究假设 H11-3 未获得支持。而管理者的机会解释对技术能力、商业关系能力和政治关系能力与企业转型升级行为之间的关系均没有调节作用，研究假设 H10-1、H10-2 和 H10-3 均未获得支持。由此可知，管理者威胁解释的调节作用基本得到了支持，而管理者机会解释的调节作用均未获得支持。

本书的研究结果解答了在同一制度环境下，拥有相同资源能力的企业，其转型升级行为却出现了异质性的疑问。显然，这和企业管理者的解释有关。当企业管理者对转型升级做出威胁解释，即他们认为转型升级是不可控和不可预测的，如果转型升级会给企业带来损失，即使企业具备较强的资源能力可以支持企业转型升级，但由于管理者害怕风险而采取保守的态度，不进行转型升级，最终削弱了资源能力对转型升级的支撑作用。

从现有文献对资源能力与企业战略变革研究结果来看，其主要有两种观点：第一种观点认为资源能力对企业战略变革有促进作用（Carpenter，2000；Yi et al.，2015）。持这种观点的学者认为资源能帮助企业进行快速调整，并使其重新与外部环境建立匹配关系。企业具备的异质性的稀缺资源能让企业进行战略变革从而获得竞争优势。此外，企业还可以利用自身的资源能力企业进行扩张或创新，或者获得合法性。总之，持这种观点的学者认为企业的资源能力为企业战略变革提供了保障。换言之，企业的资源能力促进了转型升级。第二种观点认为企业的资源能力对企业战略变革有抑制作用（Kraatz and Zajac，2001）。持这种观点的学者认为，企业现有的资源能力会妨碍企业进行必要的组织学习并降低其对外部环境的感知和搜索能力。现有资源能力构成了组织防御机制，或者形成了能力刚性，使企业很难适应新的变化和创新。此外，冗余资源使企业放松了与外部环境的匹配，从而降低了管理者对外部趋势的敏感度，因而不会进行战略变革。因此，这种观点认为企业的资源能力对战略变革有抑制作用，不利于企业的战略变革。

对于为什么会出现上述两种截然不同的结论，本书的研究结果给出了答案，即资源能力与企业转型升级之间的关系会受到管理者认知的影响：管理者认知的威胁解释对资源能力与企业转型升级之间的关系起负向调节作用。换言之，当企业管理者认为转型升级风险很大时，即认为转型升级不可控、不可预测会做出威胁解释，从而削弱了资源能力对企业转型升级响应行为的正向影响。但是，管理者的机会解释对资源能力与企业转型升级响应行为之间关系的调节作用未得到支持。对此，本书认为这是受管理者的"威胁偏见"和转型升级本身不确定的影响而引起的结果，具体分析与上文关于管理者认知对制度逻辑与企业转型升级响应行为之间关系的调节作用相同，在此不再赘述。

6.2.5　两种逻辑兼容关系对企业转型升级响应行为影响的讨论

为探索不同制度逻辑关系对企业转型升级响应行为的影响，本书从市场逻辑和引导性政策逻辑出发，归纳推理认为：两种逻辑的最终目标是一致的，其都是为了实现企业的可持续发展，因而两者是兼容关系而不是冲突关系，进而对企业转型升级响应行为产生影响。但是实证检验结果表明：两种逻辑之间并不存在兼容关系，即引导性政策逻辑和市场逻辑对企业转型升级并没有产生协同效应，相反，检验结果的系数是负值，这表明两者是冲突关系，但并不显著。因此，本书的研究假设 H12："市场逻辑和引导性政策逻辑兼容关系对企业转型升级响应行为有正向影响"没有得到支持。为什么研究假设 H12 未获得支持，本书认为可能主要有三个原因：第一，两种逻辑的手段和目标存在差异。Pache 和 Santos（2010）从手段和目标两个方面分析了组织的响应行为的理论框架。根据这一理论框架，本书中的市场逻辑和引导性政策逻辑为实现目标采用的手段在组织内部是不同的，即组织在市场逻辑下通过市场手段实现其效率目标，而在引导性政策逻辑下则是通过行政手段最终实现组织的效率目标，因此手段的不同可能使组织采取妥协或操纵的策略。另外，从两种逻辑的目标来看，其也存在一定的差异。市场逻辑的目标直接指向组织效率，而引导性政策逻辑则先让组织获得合法性目标进而最终实现其效率目标，因此目标之间的差异导致组织可能采取操纵策略。因手段和目标的多重性导致了组织面临着冲突性制度逻辑，其最终会采取操纵策略（毛益民，2014），即冲突性的制度逻辑关系使企业未积极响应转型升级号召。第二，制度逻辑的中心性和兼容性不同导致逻辑冲突。Besharov 和 Smith（2014）通过理论推导从制度逻辑的中心性和兼容性两个方面对逻辑多样性在组织内部呈现出的主导、一致、疏远和冲突四种理想类型进行了分析。具体而言，市场逻辑和引导性政策逻辑来自不同的主体，其身份不同，因此兼容性较低；同时，引导性政策逻辑属于弱意义的规制，对组织的合法性要求较低，组织有一定的自由裁量权，为实现市场逻辑效率目标可以选择不遵守引导性政策，从而造成两种逻辑的多中性较高，即两种逻辑的权利争夺并未使某一种逻辑占据绝对主导地位。因此，两种逻辑可能形成冲突关系，但因引导性政策逻辑的非强制性约束，这两种逻辑的冲突并不明显。第三，场域内制度逻辑要求的优先次序不清晰和管辖权的重叠会导致逻辑之间产生冲突（Raynard and Greenwood，2014）。在同一场域中，引导性政策逻辑的弱意义合法性未使其与市场逻辑形成先后的优先次序，造成两种逻辑竞争，两种逻辑的管辖权范围重叠又会形成一个持续紧张的"复杂区域"，给边界内的组织和个体造成复杂性压力。因此，市场逻辑和引导性政策逻辑可能形成的冲突关系不会对企业转型升级起促进作用。实践也表明在政府大力号召企业转型升级的情况下，有不少企业并未积极响应。

虽然本书关于市场逻辑和引导性政策逻辑兼容关系对企业转型升级响应行为有正向影响的假设并未得到验证，但这是对不同制度逻辑之间关系的有益探索，也弥补了"关于中国转型经济情境下不同制度逻辑在企业管理实践中是如何实现共存的"研究缺口（杜运周、尤树洋，2013）。从上述分析可以得出政策上的启示，即政府家长式的关怀对企业来说并不一定是件好事。现有研究也表明：政府的各种优惠政策可能对企业创新起抑制作用（Michael and Pearce，2009；王俊，2010）。因此，政府要进一步理顺与市场的关系，努力做到不"越位"、不"缺位"（林毅夫，2013）。

6.3　管理启示

本书实证检验了制度逻辑对企业转型升级响应行为的影响以及资源能力的中介机制、管理者认知的调节效应。本书的研究结论为我国企业实现转型升级和政府制定相关促进企业转型升级政策提供了有益的参考。

6.3.1　本书的研究结论对企业管理实践的启示

第一，本书研究结果表明，市场逻辑和引导性政策逻辑均对企业转型升级有正向影响，因此企业应关注制度逻辑（市场逻辑和引导性政策逻辑）对企业转型升级的影响。转型经济背景下，企业面临的制度环境是复杂多变的，多重制度逻辑共存于同一场域中，企业应抓住其中主要的逻辑来考虑其对企业转型升级的影响。当前中国最大的制度情境就是市场逻辑和政府逻辑共存。党的十九大报告指出，要在中高端消费、创新引领、绿色低碳、共享经济等领域培育新增长点、形成新动能。据此，政府可能会在这些领域出台更多引导性政策，以引导这些行业的健康、快速发展。因此，企业应在市场逻辑的基础上认真分析引导性政策对其转型升级行为的影响，并做出相应的战略选择，不可将两者割裂对待，即企业不仅要考虑市场逻辑的效率性问题，还要考虑引导性政策的合法性对企业产生的影响。总之，企业应充分认识这两种逻辑对企业转型升级的影响，并根据不同逻辑的目标和要求采取适当的战略响应行为，以实现企业的可持续发展。

第二，本书研究表明，制度复杂性对企业资源能力的塑造有重要的作用，进而促进了企业转型升级。因此，企业应注重制度复杂性下资源能力的塑造和培育，尤其是当前国内外经济形势多变，企业面临的制度环境存在各种逻辑冲突，并伴随着模糊性和多变性等特征。为实现可持续发展和竞争优势，企业应培育与这种制度环境相匹配的资源能力，如技术能力和关系能力。本书也证明了技术能力和关系能力对企业转型升级有重要作用，尤其是关系能力的建立不可忽视。因此，为提升企业抵御风险的能力，企业需要构建和整合不同资源来应对转型升级带来的风险。

第三，从本书研究结论来看，企业管理者认知对制度逻辑和资源能力与企业转型升级响应行为之间的关系有调节作用。因此，企业管理者应提高对转型升级风险和收益的预测和判断能力。具体而言，在高度动荡的环境下，企业管理者应加强自身的动态管理能力，提高自身的管理水平和管理素质以及对新生事物的接纳能力，尤其是企业的高层管理者，要避免陷入"富则思安"的泥潭，要有敢于担当的勇气和敢于冒险的企业家精神，以便应对复杂多变的环境，从而做出正确的预测和判断，为企业的战略布局指明方向，使企业获得持续竞争优势。

第四，企业应综合看待制度逻辑、资源能力和管理者认知的作用。虽然本书从不同的理论角度对企业转型升级进行了分析，但各个影响因素之间是相互联系、相互作用的，企业不可割裂对待。比如，企业转型升级受到不同逻辑的影响，同时不同资源能力也影响着企业的转型升级。因而，企业需要综合考虑制度逻辑和资源能力对转型升级的作用。此外，企业还要根据管理者的认知对企业转型升级面临的外部环境做出判断和解释。这样，企业才能对转型升级的风险和收益有一个全面的认识，从而指导其战略行为。

6.3.2　本书的研究结论对政府的管理实践启示

第一，政府应在尊重市场规律的前提下制定相关政策。从本书研究结果可知，虽然引导性政策逻辑和市场逻辑均对企业转型升级有正向影响，但市场逻辑对企业转型升级的影响要大于引导性政策逻辑对企业转型升级的影响，同时引导性政策逻辑并没有对市场逻辑产生协同效应。可见，市场资源配置手段更有效。改革开放四十多年来，中国的市场机制不断完善，市场效率不断提高，从而激发了微观主体的创造力，使中国经济保持了长期的高速发展。因此，理论和实践都证明，提高市场化程度、实现自由市场经济是保持经济发展的原动力。政府应继续理顺与市场的关系，尤其是各级政府要打破地方市场的限制，取消区域市场限制，建立一个全国统一的"大市场"，为企业经营和投资营造一个公平、公开和公正的竞争市场，维护市场健康有序发展，从而实现经济稳定增长的目标。

第二，政府应做实引导性政策安排。由前文分析可知，引导性政策对企业资源能力的塑造以及企业管理者的解释会影响其转型升级响应行为。因此，政府在制定引导性政策时，应结合企业具体情况给予物质和精神上的激励。具体而言，政府可以从"硬件"和"软件"两方面着手。"硬件"方面，政府可以制定转型升级优惠政策，并充分考虑这些政策是否能覆盖企业实施转型升级付出的成本并获得更高收益，政策的好处应切实落在需要支持的企业上。同时，政府应考虑优惠性政策的连续性和稳定性，减少政策的模糊性和变异性，从制度上真正落实这些优惠政策。"软件"方面，政府应大力发展以技能人才为基础的国家人力资源培养体系（程虹、刘三江、罗连发，2016），提高人才技术和管理水平。例如，针对企业内部结构和管理方式的变化，政府可以联系相关专家为企业员工提供管理培训和技术培训，提高管理者的管理能力和一线工人的操作技能，让员工从内心接受企业变革。此外，政府还可以设置精神奖励激发企业的转型升级响应行为。在深化供给侧结构性改革方面，党的十九大报告指出，建设知识型、技能型、创新型劳动者大军，弘扬劳模精神和工匠精神，营造劳动光荣的社会风尚和精益求精的敬业风气。因此，政府除了可以对在知识、技能和创新方面表现突出的企业和员工给予物质奖励外，还可以给予其精神嘉奖，如使其成为政府参政议政成员，让其为行业发展献计献策，促进新行业规范的形成。此外，为配合企业经营和管理变化，政府还应搭建公共服务平台等配套设施推进企业的转型升级。

总之，政府应在充分考虑市场机制作用的基础上制定切实有效的转型升级政策，尽量做到不"缺位"、不"越位"，切实为企业发展做好服务工作。

6.4　本章小结

本章首先对制度逻辑与企业转型升级响应行为关系的研究结果进行了讨论；其次，对资源能力在制度逻辑与企业转型升级响应行为之间起中介作用的研究结果进行了讨论；再次，对管理者认知在制度逻辑与企业转型升级响应行为之间起调节作用的研究结果进行了讨论；第四，对管理者认知在资源能力与企业转型升级响应行为之间起调节作用的研究结果进行了讨论；第五，对市场逻辑和引导性政策逻辑兼容关系对企业转型升级响应行为影响的假设未获得支持的可能原因进行了讨论；最后，在研究结果的基础上，本书向企业和政府提出了相关管理实践建议。

第7章 结 论

　　近十多年来，转型升级成为中国企业的重大管理实践问题。学术界和实务界对此也进行了热烈的讨论，并取得了丰硕的成果，但相关研究结论仍处于争议之中。到底是什么因素决定了企业的转型升级响应行为？现有研究主要从资源基础观和权变理论对企业转型升级响应行为进行了探讨，相关研究成果为本书提供了很多启示，但这些研究大多从单一理论视角对企业转型升级响应行为进行了分析，忽视了企业转型升级响应行为会受到多种因素影响这一客观事实。因此，我们有必要整合多种理论对企业转型升级响应行为的影响因素做一个全面探索。为此，本书通过文献回顾与归纳推理方法，从制度逻辑理论、资源基础观和管理者认知方面分析了企业转型升级响应行为的作用机制，并尝试回答四个问题：（1）不同制度逻辑对企业转型升级响应行为有影响吗？（2）企业的资源能力是制度逻辑和企业转型升级响应行为之间的中介变量吗？（3）管理者认知对制度逻辑和资源能力与企业转型升级响应行为之间关系有调节作用吗？（4）市场逻辑和引导性政策逻辑的兼容关系会对企业转型升级响应行为产生协同效应吗？

7.1　主要结论

　　为回答上述四个问题，本书通过前文的理论分析与实证检验，得到如下研究结论。

7.1.1　不同制度逻辑对企业转型升级响应行为具有显著的正向影响

本书基于制度的复杂性，运用制度逻辑理论对企业转型升级响应行为进行了研究，研究结果表明，制度逻辑对企业转型升级响应行为有显著的正向影响。进一步地，本书基于中国转型经济背景，将制度逻辑划分为市场逻辑和引导性政策逻辑两个维度对企业转型升级响应行为进行了实证分析，结果发现：第一，市场逻辑对企业转型升级响应行为有显著的正向影响。这表明随着中国市场化程度的不断提升以及中国经济进入新常态，企业面临的市场竞争越来越激烈，企业原来赖以生存的发展模式受到挑战，亟须通过战略变革来改变现状，实现其可持续发展目标。第二，本书发现引导性政策逻辑对企业转型升级响应行为有显著的正向影响。这说明政府对企业的转型升级发挥了重要的引导作用。本书研究结果也表明，转型经济背景下，政府对企业的宏观调控并未完全退出，而是与市场一样在资源配置中发挥着重要的作用，政府仍然在某些特定领域对经济活动进行引导，以弥补市场失灵的缺陷。第三，本书发现市场逻辑对企业转型升级的影响大于引导性政策逻辑对企业转型升级的影响。这说明中国经过四十多年的改革开放，市场在资源配置当中的作用越来越重要。因此，企业的战略变革行为更多的是来自市场压力，如要素价格的上升、消费者需求的变化和商业模式的变化等都构成了企业的市场压力。同时，随着市场化程度的提升，原有的市场分割造成的市场垄断优势正在逐渐消失，因而企业越来越感受到来自市场的压力，如果不实施战略变革，则可能面临绩效下滑甚至倒闭的危险。因此，市场压力成为企业战略变革的根本动力。总之，本书基于转型经济背景，通过实证检验得出了制度逻辑对企业转型升级响应行为有显著正向影响的结论，具体内容如下：市场逻辑对企业转型升级响应行为有显著正向影响；引导性政策逻辑对企业转型升级响应行为有显著正向影响，且市场逻辑对企业转型升级响应行为的正向影响要大于引导性政策逻辑对企业转型升级响应行为的正向影响。本书的研究结论证实，研究企业战略变革行为需要考虑企业所处的具体制度情境。

7.1.2 资源能力在制度逻辑与企业转型升级响应行为之间起中介作用

为打开不同制度逻辑与企业转型升级响应行为之间的"黑箱"，本书探讨了企业资源能力在制度逻辑与企业转型升级响应行为之间的中介作用，得出如下研究结论。

第一，技术能力、商业关系能力和政治关系能力分别在市场逻辑与企业转型升级响应行为之间起中介作用。具体而言：技术能力在市场逻辑与企业转型升级响应行为之间起部分中介作用；商业关系能力在市场逻辑与企业转型升级响应行为之间起完全中介作用；政治关系能力在市场逻辑与企业转型升级响应行为之间起完全中介作用。本书研究结论证实，转型经济背景下，市场压力不仅培育了企业的技术能力，而且形塑了企业的商业关系能力和政治关系能力，进而促进了企业的转型升级。毋庸置疑，激烈的市场竞争会增强企业对研发的投入和关注，但由于转型经济背景下的市场机制仍不健全，因此企业除了提升技术水平外，还要培育关系能力，并通过这些关系网络为企业获得稀缺性信息和资源，以便在市场竞争中获得先发优势，降低战略变革的风险。

第二，技术能力、商业关系能力和政治关系能力分别在引导性政策逻辑与企业转型升级响应行为之间起部分中介作用。本书研究结论说明政府制定的引导性政策增强了企业的技术能力，培育了企业的商业关系能力和政治关系能力，进而促进了企业转型升级。政府通过税收减免、财政补贴等优惠政策帮助企业加大研发投入，解决了资金短缺问题，促进了企业技术能力水平的提升，从而获得在行业中的竞争优势。同时，企业通过与行业内上下游企业、政府相关部门建立合作关系，获得发展所需的异质性信息和关键性资源，即获取和享受政府给予的优惠政策，这不仅降低了企业的交易成本，而且让企业获得了在网络中的合法性地位，从而实现了企业的稳定发展。

由上述研究结论可知，资源能力在制度逻辑与企业转型升级响应行为之间起中介作用，解答了为什么在同一制度环境下企业行为会出现异质性。因此，转型经济背景下，企业的技术能力和关系能力对企业实现战略变革具有重要意义。

7.1.3　管理者认知在制度逻辑与企业转型升级响应行为之间的调节作用

本书将管理者认知作为权变因素实证分析了制度逻辑对企业转型升级响应行为影响的作用边界。具体结论包括：威胁解释对市场逻辑与企业转型升级响应行为之间的关系起负向调节作用；威胁解释对引导性政策逻辑与企业转型升级响应行为之间的关系起负向调节作用。与本书原假设相反，机会解释对市场逻辑与企业转型升级响应行为之间的关系起负向调节作用；机会解释对引导性政策逻辑与企业转型升级响应行为之间的关系没有调节作用。在管理实践中，我们发现企业行为在同一制度环境下出现了异质性。其原因是什么，本书的研究结论解答了这一疑问，即管理者的解释对制度逻辑与企业转型升级响应行为之间的关系起调节作用，尤其是在转型经济背景下，制度的复杂性和多样性使企业的转型升级受到诸多因素的影响，风险较高，这使企业管理者需要对此做出判断和解释，从而做出战略决策。从研究结论来看，管理者对企业转型升级更倾向于做出威胁解释，即他们认为转型升级是复杂多变的，是不可预测且不可控的，因而削弱了制度逻辑对企业转型升级响应行为的正向影响。因此，并不是处于同一制度环境中的企业就一定会进行战略变革，企业战略变革与企业的管理者尤其是高层管理者的解释有密切关系。

7.1.4 管理者认知对资源能力与企业转型升级响应行为之间关系的调节作用

本书进一步将管理者认知作为情境因素考察了资源能力对企业转型升级响应行为影响的作用边界，得到如下结论：威胁解释对技术能力与企业转型升级响应行为之间的关系起负向调节作用；威胁解释对商业关系能力与企业转型升级响应行为之间的关系起负向调节作用。机会解释对技术能力、商业关系能力和政治关系能力与企业转型响应行为之间的关系均没有调节作用。事实上，我们发现即使在同一制度环境下，拥有同样的资源能力，企业行为仍出现了异质性。其原因是什么，本书的研究结论给出了答案，即管理者的解释对资源能力与企业转型升级响应行为之间的关系起调节作用。因此，资源能力强的企业并不一定会转型升级，企业转型升级与企业管理者的解释尤其是威胁解释有关。管理者普遍对外部经营环境做出威胁解释，即他们认为外部环境复杂动荡所产生的风险不可控甚至会给企业带来损失，从而削弱了资源能力和企业转型升级响应行为之间的正向关系。

7.1.5 市场逻辑和引导性政策逻辑兼容关系对企业转型升级响应行为的协同效应

转型经济背景下，制度复杂性的表现是同一场域中多种制度逻辑共存。为了知道这些共存逻辑之间的关系会对企业战略变革产生怎样的影响，本书考察了市场逻辑和引导性政策逻辑兼容关系对企业转型升级响应行为的影响，结果发现，两种逻辑不存在兼容关系且未对企业转型升级响应行为产生协同效应，相反，两种制度逻辑可能存在冲突关系从而削弱企业转型升级响应行为。本书的研究结果说明，市场应在资源配置中起决定性作用，政府应逐步退出对经济活动的直接干预，真正贯彻落实政企分开的国家治理模式。

7.2 本书的创新点与理论贡献

现有研究主要从制度基础观、资源基础观和管理者特征等理论视角分别对企业战略变革的影响进行了分析。虽然单一理论视角有其独特的观点，但将所有影响因素进行简单罗列会忽视各个影响因素之间可能存在的相互作用。因此，本书基于制度的复杂性和多样化特征，运用制度逻辑理论，结合资源基础观和管理者认知构建了一个综合理论分析框架，考察了企业行为异质性背后的原因，打破了制度理论认为组织被动顺从外部压力的刻板认知，为企业战略变革研究提供了一个新的分析视角。本书对现有相关研究做出了以下三个贡献。

（1）基于转型经济背景下制度复杂性特征，本书明晰了市场逻辑和政府逻辑的概念内涵，分析了两种制度逻辑对企业战略变革的影响，拓宽了制度逻辑理论的适用边界，深化了制度逻辑理论关于"社会是一个交互制度系统"的研究。现有关于制度逻辑的研究主要基于西方情境展开，缺乏东方情境下的研究，并主要从家族逻辑和商业逻辑（Harrington and Strike，2018）、社会福利逻辑和商业逻辑（Wry and York，2017）、社区逻辑和市场逻辑（Lee and Lounsbury,2015）等不同逻辑进行了研究。虽然有少数文献对东方情境尤其是中国情境进行了有益尝试（武立东、薛坤坤、王凯，2017；张劲等，2018），但相关研究仍是碎片式探讨，学者对不同制度逻辑的概念界定比较模糊，并且对转型经济背景下中国企业战略变革异质性行为未做出合理解释。为此，本书基于中国转型经济情境，识别出市场逻辑和政府逻辑（引导性政策逻辑）对企业战略变革的影响，不仅清晰界定了市场逻辑和政府逻辑的概念内涵，而且发现两种制度逻辑均对企业战略变革有正向影响。本书进一步证实了制度逻辑理论关于"社会是一个交互制度系统"的假设（Friedland and Alford，1991），即多种制度逻辑共存于社会当中，这些逻辑是共存兼容或者冲突竞争的。具体而言，在转型经济背景下，中国企业同时面临着市场逻辑和政府逻辑的双重制度逻辑要求，两种制度逻辑共存于同一组织场域中，企业需要针对市场逻辑的效率性和政府逻辑的合法性要求做出回应，这两种制度逻辑的共存和竞争解释了组织行为异质性和能动性的根源。此外，以往研究过度强调制度逻辑之间的冲突或者主导逻辑对企业战略变革的影响（Woldesenbet，2018；Cherrier，Goswami，and Ray，2018；Qiu，Gopal，and Hann，2017），忽视了不同制度逻辑兼容互补的关系对企业战略变革的影响。本书基于市场逻辑和引导性政策逻辑共存的现状，利用大样本数据实证检验了两种制度逻辑的兼容关系对企业战略变革的影响，弥补了现有关于转型经济背景下不同制度逻辑之间兼容互补关系的研究缺口（杜运周、尤树洋，2013）。因此，本书基于转型经济背景，运用市场逻辑和政府逻辑以及两种制度逻辑的兼容关系对企业战略变革的影响进行了分析，不仅拓宽了制度逻辑理论的适用边界，而且深化了制度逻辑理论的研究，回应了"加强中国情境下的制度逻辑理论研究"的提议（梁强、徐二明，2018）。

（2）基于转型经济背景，本书识别了技术能力和关系能力是企业实现战略变革的中间路径，不仅打开了制度逻辑与企业战略变革之间的"黑箱"，而且深化了企业战略变革动因的研究。现有研究大多将资源能力作为前因变量分析企业战略变革（Monteiro，Soares，and Rua，2019；毛蕴诗、刘富先，2016），存在"重两端、轻中间"的研究状况。因此，现有研究不能充分解释制度环境下企业战略行为异质性的原因。为此，本书通过建立"制度逻辑—资源能力—战略变革"的研究路径，更加完整地阐述了企业战略变革的内在作用机理，即制度复杂性形塑了企业特有的资源能力（技术能力和关系能力），而这些资源能力又对企业的战略变革起重要的支撑作用。此外，现有研究认为企业的技术能力对企业战略变革有着至关重要的作用（孔伟杰，2012；贺小刚、连燕玲、吕斐斐，2016），而本书发现，市场逻辑下企业更依赖商业关系能力和政治关系能力而不是技术能力来实现转型升级，即关系能力对企业战略变革的作用大于技术能力对企业战略变革的作用。本书的研究结论进一步验证了转型经济背景下，市场机制不完善导致企业更倾向与相关利益者建立关系来实现可持续发展的研究结论（Peng and Heath，1996；Park and Luo，2001）。因此，本书不仅打开了制度逻辑与企业战略变革之间的"黑箱"，揭示了企业战略变革的内在作用机理，拓展了资源能力的前因和后果研究，而且识别了不同资源能力对企业战略变革作用的差异性，深化了企业战略变革动因的研究。

（3）通过引入管理者认知，本书揭示了管理者解释对制度复杂性和企业战略变革之间关系的作用，明确了制度复杂性下发挥管理者主观能动性的重要性，丰富了关于管理者认知的研究。现有研究主要运用管理者特征从静态的角度研究了企业战略变革行为（Golden and Zajac，2001），或者对管理者的知识结构和注意力对企业战略变革的影响做了大量研究（Gröschl，Gabaldón，and Hahn，2019），而对管理者的主观能动性没有给予必要的重视。转型经济背景下，制度的复杂性和动荡性要求企业管理者具备动态管理能力，而现有基于静态的管理者特征和管理者的知识结构分析显然不适合动荡环境下企业战略变革研究。因此，本书从管理者的机会解释和威胁解释两方面分析了管理者的动态管理能力，体现了动态环境下企业管理者发挥主观能动性的重要性。此外，现有研究大多将管理者认知作为前因变量和中介变量对企业战略变革进行了研究（Buyl，Bone，and Wade，2015；Heavey and Simsek，2017）。本书结合转型经济背景下制度复杂性特征，分析了管理者认知对"制度逻辑—资源能力—战略变革"路径的调节作用，揭示了管理者解释对企业战略变革的交互作用，补充了管理者认知作为情境变量的研究，丰富了管理者认知研究。

7.3 本书的局限与未来展望

本书虽然取得了转型经济背景下企业转型升级方面的一些研究成果，但受主客观因素的限制，仍存在诸多不足，存在进一步研究的空间。

第一，本书通过大样本问卷调查方式获取的数据是横截面数据，这使本书不能精确推断变量之间的因果关系。基于书文前述的理论与观点，著者认为本书理论推导的模型因果关系的方向是值得信赖的。然而，著者也不能完全排除基于本书数据还有替代模型的存在。因此，著者建议未来的研究通过采用（准）实验或采用时间序列数据来解决本书的研究议题，从而提高研究结论的可靠性。

第二，从数据收集情况来看本书也存在一些不足。①尽管本书已通过问卷题项的设置和数据的检验分析等方式减少了同源性误差问题，但由于问卷都由一人填写，仍可能存在同源性误差问题。因此，后续研究应该通过多种方式和多种渠道降低同源性误差，提高测量回应的信度。②受条件限制，本问卷调查收集的样本主要集中在少数几个省份，这使研究结论的普适性受到限制，因此后续研究应扩大样本地区来源，提高结论的适用性。

第三，本书仅针对引导性政策逻辑分析了其对企业转型升级响应行为的影响。根据本书的研究，政府逻辑不仅包括引导性政策逻辑，还包括强制性政策逻辑。这两种逻辑对企业合法性要求是不一样的，因此后续研究可以将强制性政策逻辑引入制度逻辑进行分析，进一步探讨三种逻辑及其关系对企业转型升级响应行为的影响，这样可能会有新的发现。

第四，本书从横截面数据静态研究了企业转型升级响应行为，因而不能对制度逻辑演化进行分析。本书研究的是企业的横截面数据，不能对不同时期企业的转型升级响应行为进行纵向研究。因此，后续研究可以利用时间序列数据分析制度逻辑演化对企业转型升级响应行为的影响。

参考文献

[1] ADRIAN J S. Value Migration: *How to Think Several Moves Ahead of the Competition*[M]. Boston: Harvand Business School Press, 1996.

[2] AHARONSON B S, BORT S. Institutional Pressure and an Organization's Strategic Response in Corporate Social Action Engagement: the Role of Ownership and Media Attention[J]. *Strategic Organization*, 2015, 13（4）: 307-339.

[3] ALFORD R R, FRIEDLAND R. *Powers of theory: Capitalism, the State, and* Democracy[M]. Cambridge: Cambridge University Press, 1985.

[4] ANDREWS T G, CHOMPUSRI N. Understanding Organizational Practice Adoption at the Thai Subsidiary Corporation: Antecedents and consequences of Kreng Jai[J]. *Management International Review*, 2013, 53（1）: 61-82.

[5] ANSOFF H I. *Corporate Strategy: an Analytic Approach to Business Policy for Growth and Expansion*[M]. New York: McGraw-Hill, 1965.

[6] ASCANI A, CRESCENZI R, IAMMARINO S. Economic Institutions and the Location Strategies of European Multinationals in Their Geographic Neighborhood[J]. *Economic Geography*, 2016, 92（4）: 401-429.

[7] ASHEIM B T, COENEN L. Knowledge Bases and Regional Innovation Systems: Comparing Nordic Clusters[J]. *Research Policy*, 2005, 34（8）: 1173-1190.

[8] AYUSO S, NAVARRETE-BÁEZ F E. How Does Entrepreneurial and International Orientation Influence SMEs' Commitment to Sustainable Development? Empirical Evidence from Spain and Mexico[J]. *Corporate Social*

Responsibility and Environmental Management, 2018, 25（1）：80-94.

[9] BACON-GERASYMENKO V, EGGERS J P. The Dynamics of Advice Giving by venture Capital Firms: Antecedents of Managerial Cognitive Effort[J]. *Journal of Management*, 2019, 45（4）：1660-1688.

[10] BARR P S, STIMPERT J L, HUFF A S. Cognitive Change, Strategic Action, and Organizational Renewal[J]. *Strategic Management Journal*, 1992, 13（1）：15-36.

[11] BARNEY J. Firm Resources and Sustained Competitive Advantage[J]. *Journal of management*, 1991, 17（1）：99-120.

[12] BARON R M, KENNY D A. The Moderator-mediator Variable Distinction in Social Psychological Research: Conceptual, Strategic, and Statistical Considerations[J]. *Journal of Personality and Social Psychology*, 1986, 51（6）：1173-1182.

[13] BATTILANA J, DORADO S. Building Sustainable Hybrid Organizations: the Case of Commercial Microfinance Organization[J]. *Academy of Management Journal*, 2000, 53（6）：1419-1440.

[14] BATTILANA J, SENGUL M, PACHE A C, et al. Harnessing Productive Tensions in Hybrid Organizations: the Case of Work Integration Social Enterprises[J]. *Academy of Management Journal*, 2015, 58（6）：1658-1685.

[15] BAUM J R, BIRD B J. The Successful Intelligence of High-growth Entrepreneurs: Links to New Venture Growth[J]. *Organization Science*, 2010, 21（2）：397-412.

[16] BENNER M J, RANGANATHAN R. Divergent Reactions to Convergent Strategies: Investor Beliefs and Analyst Reactions during Technological Change[J]. *Organization Science*, 2013, 24（2）：378-394.

[17] BESHAROV M L, SMITH W K. *Multiple Institutional Logics in Organizations: Explaining Their Varied Nature and Implications*[J]. Academy of Management Review, 2014, 39（3）：364-381.

[18] BHATT G D. A Resource-based Perspective of Developing Organizational Capabilities for Business Transformation[J]. *Knowledge and Process Management*, 2000, 7（2）：119-129.

[19] BIBEAULT D B. *Corporate Turnaround*：*How Managers Turn Losers Into Winners*[M]. New York：McGraw-Hill Book Company，1982.

[20] BLETTNER D P，HE Z L，HU S C，et al. Adaptive Aspirations and Performance Heterogeneity：Attention Allocation among Multiple Reference Points[J]. *Strategic Management Journal*，2015，36（7）：987-1005.

[21] BLUMENTHAL B，HASPESLAGH P. Toward a Definition of Corporate Transformation[J]. *Sloan Management Review*，1994，35（3）：101-106.

[22] BRAGUINSKY S，HOUNSHELL D A. History and Nanoeconomics in Strategy and Industry Evolution Research：Lessons From the Meiji-Era Japanese Cotton Spinning Industry[J].*Strategic Management Journal*，2016，37（1）：45-65.

[23] BRIONES P A J，BERNAL C J A，DNIEVES N C D. Analysis of Corporate Social Responsibility in Spanish Agribusiness and Its Influence on Innovation and Performance[J]. *Corporate Social Responsibility and Environmental Management*，2018，25（2）：182-193.

[24] BUYL T，BOONE C，WADE J B. Non-CEO Executive Mobility：the Impact of Poor firm Performance and TMT Attention[J]. *European Management Journal*，2015，33（4）：257-267.

[25] CAMPBELL J L. Why Would Corporations Behave in Socially Responsible Ways? An Institutional Theory of Corporate Social Responsibility [J]. *Academy of Management Review*，2007，32（3）：946-967.

[26] CAMPBELL J L，PEDERSEN O K. The Rise of Neoliberalism and Institutional Analysis[D]. Princeton：Princeton University Press，2001.

[27] CARPENTER M A. The Price of Change：the Role of CEO Compensation in Strategic Variation and Deviation from Industry Strategy Norms[J]. *Journal of Management*，2000，26（6）：1179-1198.

[28] CAO Q，SIMSEK Z，ZHANG H P. Modelling the Joint Impact of the CEO and t he TMT on Organizational Ambidexterity[J]. *Journal of Management Studies*，2010，47（7）：1272-1296.

[29] CHEN C. CiteSpace II：Detecting and Visualizing a Emerging Trends and Transient Patterns in scientific literature [J]. *Journal of the American Society for Information Science and Technology*，2006，57（3）：359-377.

[30] CHEN H W, LI Y, LIU Y. Dual Capabilities and Organizational Learning in New Product Market Performance[J]. *Industrial Marketing Management*, 2015, 46: 204-213.

[31] CHEN Y R, YANG C, HSU S M, et al. Entry Mode Choice in China's Regional Distribution Markets: Institution vs. Transaction Costs Perspectives[J]. *Industrial Marketing Management*, 2009, 38（7）: 702-713.

[32] CHERRIER H, GOSWAMI P, RAY S. Social Entrepreneurship: Creating Value in the Context of Institutional Complexity [J]. *Journal of Business Research*, 2018, 86,（5）: 245-258.

[33] CHITTOOR R, RAY S, AULAKH P S, et al. Strategic Responses to Institutional Changes: "Indigenous Growth" Model of the Indian Pharmaceutical Industry[J]. *Journal of International Management* , 2008, 14（3）: 252-269.

[34] CHRISTOPHER M, MICHAEL L. Vive La Resistance: Competing Logics and the Consolidation of U.S. Community Banking[J].*Academy of Management Journal*, 2007（50）: 799-820.

[35] COPUS A, SKURAS D, TSEGENIDI K. Innovation and Peripherality: An Empirical Comparative Study of SMEs in Six European Union Member Countries[J]. *Economic Geography*, 2008, 84（1）: 51-82.

[36] COHEN P, WEST S G, AIKEN L S. *Applied Multiple Regression/Correlation Analysis for the Behavioral Sciences*[M]. Hove: Psychology Press, 2014.

[37] CROSSLAND C, ZYUNG J Y, HILLER N J, et al. CEO Career Variety: Effects on Firm-level Strategic and Social Novelty[J]. *Academy of Management Journal*, 2014, 57（3）: 652-674.

[38] CRUZ-CASTRO L, SANZ-MENÉNDEZ L, MARTÍNEZ C. Research Centers in Transition: Patterns of Convergence and Diversity[J]. *Journal of Technology Transfer* , 2012, 37（1）: 18-42.

[39] CUMMINGS M, OTTLEY G, BREWSTER R. Developing and Executing a Strategy while Confronting Conflicting Stakeholder Interests: A Case Study[C]. Proceedings of the 7th European Conference on Management Leadership and Governance, 2011: 71-79.

[40] CYERT R M, MARCH J G. *A Behavioral Theory of the Firm*[M]. Englewood Cliffs: Prntice-Hall, 1963.

[41] CZAMITZKI D, LICHT G. Additionality of Public R & D Grants in a Transition Economy[J]. *Economics of Transiton*, 2006, 14（1）: 101-131.

[42] DAFT R L, WEICK K E. Toward a Model of Organizations as Interpretation Systems[J]. *Academy of Management Review*, 1984, 9（2）: 284-295.

[43] DAY G S. The Capabilities of Market-driven Organizations[J]. *Journal of Marketing*, 1994, 58（4）: 37.

[44] DELBRIDGE R, EDWARDS T. Inhabiting Institutions: Critical Realist Refinements to Understanding Institutional Complexity and Change[J]. *Organization Studies*, 2013, 34（7）: 927-947.

[45] DELMAS M A, TOFFEL M W. Organizational responses to Environmental Demands : Opening the Black Box[J]. *Strategic Management Journal*, 2008, 29（10）: 1027-1055.

[46] DESARBO W S, BENEDETTO D C, SONG M, et al. Revisiting the Miles and Snow Strategic Framework: Uncovering Interrelationships Between Strategic Types, Capabilities, Environmental Uncertainty, and Firm Performance[J]. *Strategic Management Journal*, 2005, 26（1）: 47-74.

[47] DIMAGGIO P J. *Interest and Agency in Institutional Theory*[M]. Cambridge: Ballinger Publishing CO, 1988.

[48] DIMAGGIO P J, POWELL W W. The Iron Cage Revisited: Institutional Isomorphism and Collective Rationality in Organizational Fields [J]. *American Sociological Review*, 1983, 48（2）: 147-160.

[49] DING S, JIANG W, SUN P. Import Competition, Dynamic Resource Allocation and Productivity Dispersion: Micro-level Evidence from China[J]. *Oxford Economic Pages*, 2016, 68（4）: 994-1015.

[50] DU Y Z, ALDRICH H E. Institutional Pluralism and New Venture Growth in China: A Three Way Interaction[R]. Academy of Management Conference held in Orlando, USA on August 9-13, 2013.

[51] DUNN M B, JONES C. Institutional Logics and Institutional Pluralism: the Contestation of Care and Science Logics in Medical Education, 1967—2005[J].

Administrative Science Quarterly，2010，55（1）：114-149．

[52] DUTTON J E，JACKSON S E. Categorizing Strategic Issues：Links to Organizational Action[J]. *Academy of Management Review*，1987，12（1）：76-90.

[53] EDEN C. On the Nature of Cognitive Maps[J]. *Journal of Management Studies*，1992，29（3）：261-265.

[54] EISENHARDT K M，MARTIN J A. Dynamic Capabilities：What Are They?[J]. *Strategic Management Journal*，2000，21（10/11）：1105-1121.

[55] ESCOBAR L F，VREDENBURG H. Multinational Oil Companies and The Adoption of Sustainable Development：A Resource-based and Institutional Theory Interpretation of Adoption Heterogeneity[J]. *Journal of Business Ethics*，2011，98（1）：39-65．

[56] FACCIO M. Politically connected Firms[J]. *The American Economic Review*，2006，96（1）：369-386.

[57] FISKE S T，TAYLOR S E. *Social Cognition*[M].2nd ed. New York：Mc Graw-Hill，1991.

[58] Fligstein N，Zhang J J. A New Agenda for Research on The Trajectory of Chinese Capitalism[J]. *Management and Organization Review*，2011，7（1）：39-62.

[59] FONG V H I，WONG I A，HONG J F L. Developing Institutional Logics in The Tourism Industry Through Coopetition[J]. *Tourism Management*，2018，66：244-262.

[60] FONSEKA M M，YANG X，TIAN G L. Does Accessibility to Different Sources of Financial Capital Affect Competitive Advantage and Sustained Competitive Advantages? Evidence from a Highly Regulated Chinese Market[J]. *Journal of Applied Business Research*，2013，29（4）：963-982.

[61] FORBES W. *From Followers to Leaders：Managing Technology and Innovation in Newly Industrializing Countries*[M]. London：Rutledge，2002.

[62] FORNELL C，LARCKER D F. Evaluating Structural Equation Models with Unobservable Variables and Measurement error[J]. *Journal of Marketing Research*，1981，18（1）：39-50.

[63] FRIEDLAND R, ALFORD R R. Bringing Society Back in: Symbols, Practices, and Institutional Contradictions [M]//POWELLW W, EIMAGGIOP J. *The New Institutionalism in Organizational Analysis*. Chicago: University of Chicago Press, 1991.

[64] GANS J S, STERN S. The Product Market and the Market for "Ideas": Commercialization Strategies for Technology Entrepreneurs[J]. *Research Policy*, 2003, 32（2）: 333-350.

[65] GARUD R, CYNTHIA H, STEVE M, et al. Institutional Entrepreneurship as Embedded Agency: An Introduction to The Special Issue[J]. *Organization Studies*, 2007, 28（7）: 957-969.

[66] GEORGE P, MCKEOWN I. Business Rransformation and Organizational Culture: The Role of Competency, IS and TQM[J]. *European Management Journal*, 2004, 46（15）: 624-636.

[67] GEREFFI G. International Trade and Industrial Upgrading in The Apparel Commodity Chain [J]. *Journal of International Economics*, 1999, 48（1）: 37-70.

[68] GERSICK C J G. Social Psychology in Organization: Advances in Theory and Research[J]. *Academy of Management Review*, 1994, 19（1）: 144-147.

[69] GINSBERG A. Measuring and Modeling Changes in Strategy: Theoretical Foundations and Empirical Directions[J]. *Strategic Management Journal*, 1988, 9（6）: 559-575.

[70] GLYNN M, LOUNSBURY M. From the Critics' Corner: Logic Blending, Discursive Change and Authenticity in A Cultural Production System[J]. *Journal of Management Studies*, 2005, 42（5）: 1031-1055.

[71] GOLAFSHANI N. Understanding reliability and Validity in Qualitative Research[J].*Qualitative Report*, 2003, 8（4）: 597-606.

[72] GOLDEN B R, ZAJAC E J. When Will Boards Influence Strategy？ Inclination × Power=Strategic Change[J]. *Strategic Management Journal*, 2001, 22（12）: 1087-1110.

[73] GOODRICK E, REAY T. Constellations of Institutional Logics: Changes in The Professional Work of Pharmacists[J]. *Work and Occupations*, 2011, 38（3）:

159

372-416.

[74] GRANOVETTER M. Economics Action and Social Structure: the Problem of Embeddedness[J]. *American Journal of Sociology*, 1985, 91（3）: 481.

[75] GREENWOOD R, MAGAN D A, LI S X, et al. The Multiplicity of Institutional Logics and The Heterogeneity of Organizational Responses[J]. *Organization Science*, 2010, 21（2）: 521-539.

[76] GREENWOOD R, RAYNARD M, KODEIH F, et al. Institutional Complexity and Organizational Responses[J]. *Academy of Management Annals*, 2011, 5（1）: 317-371.

[77] GREENWOOD R, SUDDABY R. Institutional Entrepreneurship in Mature Fields: The big five accounting firms [J]. *Academy of Management Journal*, 2006, 49（1）: 27-48.

[78] GRINEVICH V, HUBER F, KARATAS-ÖZKAN M, et al. *Green Entrepreneurship in The Sharing Economy: Utilising Multiplicity of Institutional Logics*[J]. Small Business Economics, 2019, 52（4）: 859-876.

[79] GRÖSCHL S, GABALDÓN P, HAHN T. The Co-evolution of Leaders' Cognitive Complexity and Corporate Sustainability: The Case of The CEO of Puma[J]. *Journal of Business Ethics*, 2019, 155（3）: 741-762.

[80] HAHN T, PREUSS L, PINKSE J, et al. Cognitive Frames in Corporate Sustainability: Managerial Sensemaking with Paradoxical and Business Case Frames[J]. *Academy of Management Review*, 2014, 39（4）: 463-487.

[81] HAMBRICK D C, MASON P A. Upper Echelons: The Organization as A Reflection of Its Top Managers[J]. *Academy of Management Review*, 1984, 9（2）: 193-206.

[82] HANNAN M T, FREEMAN J. Structural Inertia and Organizational Change[J]. *American Sociological Review*, 1984, 49（2）: 149-164.

[83] HARRINGTON B, STRIKE V M. Between Kinship and Commerce: Fiduciaries and The institutional Logics of Family firms[J]. *Family Business Review*, 2018, 31（4）: 417-440.

[84] HARVEY D. *A Brief History of Neoliberalism*[M]. New York: Oxford University Press, 2007.

[85] HAVEMAN H A. Between A Rock and A Hard Place: organizational change and Performance under Conditions of Fundamental Environmental Transformation[J]. *Administrative Science Quarterly*, 1992, 37（1）: 48-75.

[86] HEAVEY C, SIMSEK Z. Distributed Cognition in Top Management Teams and Organizational Ambidexterity: The Influence of Transactive Memory Systems[J]. *Journal of Management*, 2017, 43（3）: 919-945.

[87] HELFAT C E, PETERAF, M A. Managerial Cognitive Capabilities and The Microfoundations of Dynamic Capabilities[J]. *Strategic Management Journal*, 2015, 36,（6）: 831-850.

[88] HERRMANN P, NADKARNI S. Managing Strategic Change: The Duality of CEO Personality[J]. *Strategic Management Journal*, 2014, 35（9）: 1318-1342.

[89] HEUGENS P P, LANDER M W. Structure! Agency!（and Other Quarrels）: A Meta-analysis of Institutional Theories of Organization[J].*Academy of Management Journal*, 2009, 52（1）: 61-85.

[90] HITT M A, BEAMISH P W, JACKSON S E, et al. Building Theoretical and Empirical Bridges across Levels: Multilevel Research in Management[J]. *Academy of Management Journal*, 2007, 50（6）: 1385-1399.

[91] HOSKISSON R E, HITT M A. Strategic Control Systems and Relative R & D Investment in Large Multiproduct Firms[J]. *Strategic Management Journal*, 1988, 9（6）: 605-621.

[92] HUANG Y, STERNQUIST B. Retailers' Foreign Market Entry Decisions: An Institutional Perspective[J]. *International Business Review*, 2007, 16（5）: 613-629.

[93] HUMPHREY J, SCHMITZ H. *Governance and Upgrading: Linking Industrial Cluster and Global Value Chain Research*[M]. Brighton: Institute of Development Studies, 2000.

[94] HUMPHREY J, SCHMITZ H. *How Does Insertion in Global Value Chains Affect Upgrading in Industrial Clusters?*[J]. Regional Studies, 2002, 36（9）: 1017-1027.

[95] HUMPHREY J, SCHMITZ H. Chain Governance and Upgrading:

Taking Stock[M]//SCHMITZ H. *Local Enterprises in The global Economy.* Cheltenham: Edward Elgar Publishing, 2004.

[96] IEDERAN O C, CURŞEU P L, VERMEULEN P A M, et al. Cognitive Representations of Institutional Change Similarities and Dissimilarities in The Cognitive Schema of Entrepreneurs[J]. *Journal of Organizational Change Management*, 2011, 24（1）: 9-28.

[97] IEDERAN O C, CURŞEU P L, VERMEULEN P A M, et al. Antecedents of Strategic Orientations in Romanian SMEs: An Institutional framing perspective[J]. *Journal for East European Management Studies*, 2013, 18（3）: 386-408.

[98] INGE I, CLASE G A. Local Technology Linkages and Supplier Upgrading in Global Value Chains: The Case of Swedish Engineering TNCs in Emerging Markets[J]. *Competition and Change*, 2009, 13（4）: 368-388.

[99] ISMAIL A I, ROSE R C, ULI J, et al. The Relationship Between Organizational Resources, Systems and Competitive Advantage[J]. *Asian Academy of Management Journal*, 2012, 17（1）: 151-173.

[100] JACKSON S E, DUTTON J E. Discerning Threats and Opportunities[J]. *Administrative Science Quarterly*, 1988, 33（3）: 370-387.

[101] JAMALI D. MNCs and International Accountability Standards through An Institutional Lens: Evidence of Symbolic Conformity or Decoupling[J]. *Journal of Business Ethics*, 2010, 95（4）: 617-640.

[102] JAYANTI R K, RAGHUNATH S. Institutional Entrepreneur Strategies in Emerging Economies: Creating Market Exclusivity for The Rising Affluent[J]. *Journal of Business Research*, 2018（89）: 87-98.

[103] JENNINGS P D, GREENWOOD R, LOUNSBURY M D. Institutions, Entrepreneurs, and Communities: A Special Issue on Entrepreneurship[J]. *Business Venture*, 2013, 28（1）: 1-9.

[104] JONATHAN D. Corporate Transformation without A Crisis[J]. *The McKinsey Quarterly*, 2000（4）: 116-127.

[105] JOSEPH J, KLINGEBIEL R, WILSON A. Organizational Structure and Performance Feedback: Centralization, Aspirations and Termination

Decisions[J]. *Organization science*, 2016, 27（5）: 1065-1083.

[106] JULIAN S D, OFORI-DANKWA J C, JUSTIS R T. Understanding Strategic Responses to Interest Group Pressures[J].*Strategic Management Journal*, 2008, 29（9）: 963-984.

[107] KACPERCZYK A, BECKMAN C M, MOLITERNO T P. Disentangling Risk and Change: Internal and External Social Comparison in The Mutual Fund Industry[J]. *Administrative Science Quarterly*, 2015, 60（2）: 228-262.

[108] KAMMERLANDER N, GANTER M. An attention-based View of Family firm Adaptation to Discontinuous Technological Change: Exploring The Role of Family CEOs' Noneconomic Goals[J]. *Journal of Product Innovation Management*, 2015, 32（3）: 361-383.

[109] KAMIEN M I, SCHWARTZ N L. Market Structure, Elasticity of Demand and Incentive to Invent[J]. *Journal of Law and Economics*, 1970, 13（1）: 241-252.

[110] KHAN S A, LACITY M C. Organizational Responsiveness to Anti-offshoring Institutional pressures[J]. *Journal of Strategic Information Systems*, 2014, 23（3）: 190-209.

[111] KIM B, KIM E, FOSS N J. Balancing Absorptive Capacity and Inbound Open Innovation for Sustained Innovative Performance: An Attention-based View[J]. *European Management Journal*, 2016, 34（1）: 80-90.

[112] KIRK J, MILLER M L. *Reliability And Validity in Qualitative Research*[M]. London: Sage Publications, 1986.

[113] KOSTOVA T, ROTH K, DACIN M T. Institutional Theory in The Study of Multinational Corporations: A Critique and New directions [J]. *Academy of Management Review*, 2008, 33（4）: 994-1006.

[114] KRAATZ M S, BLOCK E S. Organizational Implications of Institutional Pluralism[C]// GREENWOOD R, OLIVER C, SAHLIN K, et al. The SAGE Handbook of Organizational Institutionalism. London: Sage Pulications, 2008.

[115] KRAATZ M S, ZAJAC E J. How Organizational Resources Affect Strategic Change and Performance in Turbulent Environments: Theory and Evidence[J].

Organization Science, 2001, 12（5）: 632−657.

[116] LEVY M, MERRY U. *Organizational Transformation : Approaches, Strategies, Theories*[M].New York: Prarger, 1986.

[117] LEBLEBIC H, SALANCIK G, COPAY A, et al. Institutional Change and The Transformation of Interorganizational Fields: An Organizational History of The U. S. Radio broadcasting industry[J]. *Administrative Science Quarterly*, 1991, 36（6）: 333−363.

[118] LEE M D P, LOUNSBURY M. Filtering Institutional Logics: Community Logic Variation and Differential Responses to The Institutional Complexity of Toxic Waste[J]. *Organization Science*, 2015, 26（3）: 847−866.

[119] LEONARD−BARTON D. Core Capabilities and Core Rigidities: A Paradox in Managing New Product Development[J]. *Strategic Management Journal*, 1992, 13（1）: 111−125.

[120] LEPPAAHO T, PAJUNEN K. Institutional Distance and International Networking[J]. *Entrepreneurship and Regional Development*, 2018, 30（5/6）: 502−529.

[121] LEVITT B, MARCH J G. Organizational Learning[J]. *Annual Review of Sociology*, 1988（14）: 319−338.

[122] LEWIS B W, WALLS J L, DOWELL G W S. Difference in Degrees: CEO Characteristics and Firm Environmental Disclosure[J]. *Strategic Management Journal*, 2014, 35（5）: 712−722.

[123] LI Q, MAGGITTI P G, SMITH K G, et al. Top Management Attention to Innovation: The Role of Search Selection and Intensity in New Product Introductions[J]. *Academy of Management Journal*, 2013, 56（3）: 893−916.

[124] LIN H E, MCDONOUGH E F. Cognitive Frames, Learning Mechanisms, and Innovation Ambidexterity[J]. *Journal of Product Innovation Management*, 2014, 31(1): 170−188.

[125] LIU C, CAI Y Z. Triple Helix Model and Institutional logics in Shenzhen Special Economic Zone[J]. *Science and Public Policy*, 2018, 45（2）: 221−231.

[126] LIU J J, CHEN L W. External Knowledge Search Strategies in China's Technology Ventures: The Role of Managerial Interpretations and Ties[J]. *Management and Organization Review*, 2013, 9（3）: 437-463.

[127] LIU, Y P, ALMOR T. How Culture Influences The Way Entrepreneurs Deal with Uncertainty in Inter-organizational Relationships: The Case of Returnee Versus Local Entrepreneurs in China[J]. *International Business Review*, 2016, 25（1）: 4-14.

[128] LIZBETH N A. The Impact of Operating in Multiple Value Chains for Upgrading: The Case of The Brazilian Furniture and Footwear Industries[J]. *World Development*, 2011, 39（8）: 1386-1397.

[129] LOUNSBURY M. A Tale of Two Cities: Competing Logics and Practice Variation in The Professionalizing of Mutual Funds[J]. *Academy of Management Journal*, 2007, 50（2）: 289-307.

[130] LOUNSBURY M, CRUMLEY E T. New Practice Creation: An Institutional Approach to Innovation[J]. *Organization Studies*, 2007, 28（7）: 993-1012.

[131] LUO Y D. From "West leads East" to "West meets East": pHilosophical Insights from Asia[C]//BODDEWYN J J. Multidisciplinary Insights from New AIB Fellows. Bingley: emerald group publishing limited, 2014: 3-28.

[132] LUO Y, CHEN M. Does Guanxi Influence Firm Performance?[J]. *Asia Pacific Journal of Management*, 1997, 14（1）: 1-16.

[133] LU Y, HU S D, LIANG Q, et al. Exit, Voice and Loyalty as Firm Strategic Responses to Institutional Pressures: A Comparative Case Study of Google and Baidu in Mainland China[J]. *Chinese Management Studies*, 2013, 7（3）: 419-446.

[134] MARCEL J J, BARR P S, DUHAIME I M. The Influence of Executive Cognition on Competitive Dynamics[J]. *Strategic Management Journal*, 2010, 32（2）: 115-138.

[135] MARTIN X, SALOMON R. Knowledge Transfer Capacity and Its Implications for The Theory of The Multinational Corporation[J]. *Journal of International Business Studies*, 2003, 34（4）: 356-373.

[136] MCCANN B T, BAHL M. The Influence of Competition from Informal Firms

on New Product Development[J]. *Strategic Management Journal*, 2017, 38 (7): 1518-1535.

[137] MCpHERSON C M, SAUDER M. Logics in Action: Managing Institutional Complexity in A Drug Court[J]. *Administrative Science Quarterly*, 2013, 58 (2): 165-196.

[138] MEYER J W, ROWAN B. Institutionalized Organizations: Formal Structure as Myth and ceremony[J]. *American Journal of Sociology*, 1977, 83 (2): 340-363.

[139] MEYER K E, ESTRIN S, BHAUMIK S K, et al. Institutions, Resources, and Entry Strategies in Emerging Economies [J]. *Strategic Management Journal*, 2009, 30 (1): 61-80.

[140] MEYER K E, PENG M W. Probing theoretically into Central and Eastern Europe: Transactions, Resources, and Institutions[J]. *Journal of International Business studies*, 2005, 36 (6): 600-621.

[141] MICHAEL S C, PEARCE II J A. The need for Innovation as A Rationale for Government Involvement in Entrepreneurship[J]. *Entrepreneurship and Regional Development*, 2009, 21 (3): 285-302.

[142] MINSANGYI V F, WEAVER G R, ELMS H. Ending Corruption: the Interplay among Institutional Logics, Resources, and Institutional Entrepreneurs[J]. *Academy of Management Review*, 2008, 33 (3): 750-770.

[143] MINTZBERG H. Patterns in Strategy Formation[J]. *Management Science*, 1978, 24 (9): 934-948.

[144] MONTEIRO A P, SOARES A M, RUA O L. Linking Intangible Resources and Entrepreneurial Orientation to Export Performance: The Mediating Effect of Dynamic Capabilities[J]. *Journal of Innovation Knowledge*, 2019 (1): 179-187.

[145] MOON S G, DE LEON P. Contexts And Corporate Voluntary Environmental Behaviors: Examining the EPNs'Green Lights Voluntary Program[J]. *Organization and Environment*, 2007, 20 (4): 480-496.

[146] MURATOVA Y. The Drivers of domestic Acquisitions in People's Republic of

China: A Resource-based analysis[J]. *Asia Pacific Business Review*, 2015, 21（4）: 500-516.

[147] MULLER A, WHITEMAN G. Corporate Philanthropic Responses to Emergent Human Needs: The Role of Organizational Attention Focus[J]. *Journal of Business Ethics*, 2016, 137（2）: 299-314.

[148] MUSTEEN M, LIANG X, BARKER V L. Personality, Perceptions and Retrenchment Decisions of Managers in Response to Decline: Evidence from A Decision-making Study[J].*The Leadership Quarterly*, 2011, 22（5）: 926-941.

[149] NADKARNI S, BARR P S. Environmental Context, Managerial Cognition, and Strategic Action: An Integrated View[J]. *Strategic Management Journal*, 2008, 29（13）: 1395-1427.

[150] NADKARNI S, PEREZ P D. Prior Conditions and Early International Commitment: The Mediating Role of Domestic Mindset[J]. *Journal of International Business Studies*, 2007, 38（1）: 160-176.

[151] NADKARNI S, NARAYANAN V K. Strategic schemas, strategic Flexibility, and Firm performance: The Moderating Role of Industry Clockspeed[J]. *Strategic Management Journal*, 2007（28）: 243-270.

[152] NAKAUCHI M, WIERSEMA M F. Executive Succession and Strategic Change in Japan[J].*Strategic Management Journal*, 2015, 36（2）: 298-306.

[153] NARANJO-GIL D, HARTMANN F, MAAS V S. Top Management Team Heterogeneity, Strategic Change and Operational Performance[J]. *British Journal of Management*, 2008, 19（3）: 222-234.

[154] NASON R S, WIKLUND J. An assessment of Resource-based Theorizing on Firm Growth and Suggestions for The Future[J]. *Journal of Management*, 2018, 44, 32-60.

[155] NARAYANAN V K, ZANE L J, KEMMERER B. The Cognitive Perspective in Strategy: An Integrative Review[J]. *Journal of Management*, 2011, 37（1）: 305-351.

[156] NEWENHAM-KAHINDI A, STEVENS C E. An Institutional Logics

Approach to Liability of Foreignness: The Case of Mining MNEs in Sub-Saharan Africa[J]. *Journal of International Business Studies*, 2018, 49（7）: 881-901.

[157] NIELSEN R P, LOCKWOOD C. Varieties of Transformational Solutions to Institutional Ethics Logic Conflicts[J]. *Journal of Business Ethics*, 2018, 149（1）: 45-55.

[158] NIJSSEN M, PAAUWE J. HRM in Turbulent Times: How to Achieve Organizational Agility?[J]. *International Journal of Human Resource Management*, 2012, 23（16）: 3315-3335.

[159] NORTH D C. *Institutions, Institutional Change and Economic Performance*[M]. Cambridge: Cambridge University Press, 1990.

[160] OCASIO W. Toward An Attention-based View of the Firm[J]. *Strategic Management Journal*, 1997, 18（1）: 187-206.

[161] OH W Y, CHANG Y K, CHENG Z. When CEO Career Horizon Problems Matter for Corporate Social Responsibility: The Moderating Roles of Industry-Level Discretion and Blockholder Ownership[J]. *Journal of Business Ethics*, 2016, 133（2）: 279-291.

[162] OLIVER C. Strategic responses to Institutional Processes[J]. *Academy of Management Review*, 1991, 16（1）: 145-179.

[163] OSIYEVSKYY O, DEWALD J. Inducements, Impediments, and Immediacy: Exploring The Cognitive Drivers of Small Business Managers' Intentions to Adopt Business Model Change[J]. *Journal of Small Business Management*, 2015, 53（4）: 1011-1032.

[164] OWENS M, PALMER, M, ZUEVA-OWENS A. Institutional Forces in Adoption of International joint Ventures: Empirical Evidence from British Retail Multinationals[J]. *International Business Review*, 2013, 22（5）: 883-893.

[165] PACHE A C, SANTOS F. When Worlds Collide: The Internal Dynamics of Organizational Responses to Conflicting Institutional Demands[J]. *Academy of Management Review*, 2010, 35（3）: 455-476.

[166] PARK S H, LUO Y. Guanxi and Organizational Dynamics: Organizational

Networking in Chinese Firms[J]. *Strategic Management Journal*, 2001, 22(5): 455-477.

[167] PEDERSEN E R G, GWOZDZ W. From Resistance to Opportunity-seeking: Strategic Responses to Institutional Pressures for Corporate Social Responsibility in The Nordic Fashion industry[J]. *Journal of Business Ethics*, 2014, 119(2): 245-264.

[168] PEEV E, MUELLER D C. Democracy Economic Freedom and Growth in Transition Economies[J]. *Kyklos*, 2012, 65 (3) : 371-407.

[169] PENG M W. Firm Growth in Transitional Economies: Three Longitudinal Cases from China, 1989-96[J]. *Organization Studies*, 1997, 18 (3) : 385-413.

[170] PENG M W, BUCK T, FILATOTCHEV I. Do Outside Directors and New Managers Help Improve Firm Performance? An Exploratory Study in Russian Privatization[J]. *Journal of World Business*, 2003, 38 (4) : 348-360.

[171] PENG M W, HEATH P S. The Growth of The Firm in Planned Economies in Transition: Institutions, Organizations, and Strategic Choice[J]. *Academy of Management Review*, 1996, 21 (2) : 492-528.

[172] PENG M W, LUO Y D. Managerial Ties and Firm Performance in A Transition Economy: The Nature of A Micro-macro Link[J]. *Academy of Management Journal*, 2000, 43, (3) : 486-501.

[173] PLAMBECK N. The Development of New Products: The Role of Firm Context and Managerial Cognition [J]. *Journal of Business Venturing*, 2012, 27 (6) : 607-621.

[174] PODSAKOFF P M, MACKENZIE S B, LEE J Y, et al. Common Method Biases in Behavioral Research: A Critical Review of The Literature and Recommended Remedies[J]. *Journal of Applied Psychology*, 2003, 88 (5) : 879-903.

[175] POON T S C. Beyond the Global Production Networks: A Case of Further Upgrading of Taiwan's Information Technology[J]. *Industry International Journal of Technology and Globalization*, 2004 (1) : 130-144.

[176] PORTER M E. Towards a Dynamic Theory of Strategy[J]. *Strategic*

Management Journal, 1991, 12（S2）: 95-117.

[177] PORTER M E. *The Competitive Advantage of Nations*[M]. London: Macmillan Press LTD, 1990.

[178] QIU Y X, GOPAL A, HANN I H. Logic Pluralism in Mobile Platform ecosystems: A Study of Indie App Developers on The iOS App Store[J]. *Information Systems Research*, 2017, 28（2）: 225-249.

[179] SCHWEIZER D, WALKER T, ZHANG A. Cross-border Acquisitions by Chinese Enterprises: The Benefits and Disadvantages of Political Connections[J]. *Journal of Corporate Finance*, 2019（57）: 63-85.

[180] SEO M G, CREED W E D. Institutional Contradictions, Praxis, and Institutional Change: a Dialectical Perspective[J]. *Academy of Management Review*, 2002, 27（7）: 222-247.

[181] SMETS M, JARZABKOWSKI P, BURKE, G T, et al. Reinsurance Trading in lloyd's of London: Balancing Conflicting yet Complementary Logics in Practice[J]. *Academy of Management Journal*, 2015, 58（3）: 932-970.

[182] SNOW C C, HAMBRICK D C. Measuring Organizational Strategies: Some Theoretical and Methodological Problems[J]. *Academy of Management Review*, 1980, 5（4）: 527.

[183] SOUITARIS V, ZERBINATI S, LIU G. Which Iron Cage? Endo and Exoisomorphism in Corporate Venture Capital Programs[J]. *Academy of Management Journal*, 2012, 55（2）: 477-505.

[184] SUDDABY R, GREENWOOD R. Rhetorical Strategies of Legitimacy[J]. *Administrative Science Quarterly*, 2005, 50（1）: 35-67.

[185] RAYMOND W, MAIRESSE J, MOHNEN P, et al. Dynamic Models of R&D, Innovation and Productivity: Panel Data Evidence for Dutch and French manufacturing[J]. *European Economic Review*, 2015, 78（4）: 285-306.

[186] RAYNARD M, GREENWOOD R. Deconstructing Complexity: How Organizations Cope with Multiple Institutional Logics[C]//HUMPHREYS J. Academy of Management Annual Meeting Proceedings. New York: Academy of Management, 2014: 735-740.

[187] ROBERTSON H, PAUL L. The Role of Training and Skilled Labor in The Success of SMEs in Developing Economies[J]. *Education and Training*, 2003, 45（8/9）: 461-473.

[188] RUMELT R P. *Strategy, Structure, and Economic Performance*[M]. Boston: Harvard University Press, 1974.

[189] SANDERS W M G, CARPENTER M A. Internationalization and Firm Governance: The Roles of CEO Compensation, Top Team Composition, and Board Structure[J].*Academy of Management Journal*, 1998, 41（2）: 158-178.

[190] SCOTT W R. *Institutions and Organizations*[M] London: Sage Publications, 1995.

[191] SHARMA S. Managerial Interpretations and Organizational Context as Predictors of Corporate Choice of Environmental Strategy[J]. *Academy of Management Journal*, 2000, 43（4）: 681-697.

[192] SONG M, DROGE C, HANVANICH S, et al. Marketing and Technology Resource Complementarity: An Analysis of Their Interaction Effect in Two Environmental Contexts[J]. *Strategic Management Journal*, 2005, 26（3）: 259-276.

[193] SPROULL L S. The Nature of Managerial Attention[J]. *Advances in Information Processing in Organizations*, 1984（1）: 9-27.

[194] STEVENS C E, XIE E, PENG M W. Toward a Legitimacy-based View of Political Risk: the Case of Google and Yahoo in China[J]. *Strategic Management Journal*, 2016, 37（5）: 945-963.

[195] STUART H. Corporate Branding and Rebranding: An Institutional Logics Perspective[J]. *Journal of Product and Brand Management*, 2018, 27（1）: 96-100.

[196] SUCHMAN M. Managing Legitimacy: Strategic and Institutional Approaches [J]. *Academy of Management Review*, 1995, 20（3）: 571-610.

[197] SULLIVAN B N. Competition and Beyond: Problems and Attention Allocation in The Organizational Rulemaking Process[J].*Organization Science*, 2010, 21（2）: 432-450.

[198] SURROCA J, PRIOR D, TRIBO' G, et al. Using panel dat DEA a to measure CEOS' Focus of Attention: An Application to The Study of Cognitive Group Membership and Performance[J]. *Strategic Management Journal*, 2016, 37(2): 370-388.

[199] TAN J. Institutional Structure and Firm Social Performance in Transitional Economies: Evidence of Multinational Corporations in China[J]. *Journal of Business Ethics*, 2009, 86 (S2): 171-189.

[200] TAN J. TAN D. Environment-strategy Co-evolution and Co-alignment: a Staged Model of Chinese SOEs under Transition[J]. *Strategic Management Journal*, 2005, 26 (2): 141-157.

[201] TAN J, WANG L. MNC Strategic Responses to Ethical Pressure: an Institutional Logic Perspective[J]. *Journal of Business Ethics*, 2011, 98(3): 373-390.

[202] TANG Y, LI J, YANG H Y. What I See, What I Do: How Executive Hubris Affects Firm Innovation[J]. *Journal of Management*, 2015, 41 (6): 1698-1723.

[203] TAUSSIG M, DELIOS A. Unbundling The Effects of Institutions on Firm Resources: The Contingent Value of Being Local in Emerging Economy Private Equity[J]. *Strategic Management Journal*, 2015, 36 (12): 1845-1865.

[204] TEDDLIE C, TASHAKKORI A. *Foundations of Mixed Methods Research: Integrating Quantitative and Qualitative Approaches in The Social and Behavioral Sciences*[M]. London: Sage Publications, 2009.

[205] TERJESEN S, PATEL P C. In Search of Process Innovations: The Role of Search Depth, Search Breadth, and The Industry Environment[J]. *Journal of Management*, 2017, 43 (5): 1421-1446.

[206] THOMAS J B, MCDANIEL R R. Interpreting Strategic Issues: Effects of Strategy and The Information-processing Structure of Top management Teams[J]. *Academy of Management Journal*, 1990, 33 (2): 286-306.

[207] TRACEY P, PHILLIPS N, JARVIS O. *Bridging Institutional Entrepreneurship and The Creation of New Organizational Forms: A Multilevel Model*[J]. 2011, 22 (1): 60-80.

[208] TRIANA M C, MILLER T L, TRZEBIATOWSKI T M. The Double-edged Nature of Board Gender Diversity: Diversity, Firm Performance, and The Power of Women Directors as Predictors of Strategic Change[J]. *Organization Science*, 2014, 25（2）: 609-632.

[209] TUGGLE C S, SIRMON D G, REUTZEL C R, et al. Commanding Board of Director Attention: Investigating How Organizational Performance and CEO Duality Affect Board Members' Attention to Monitoring[J]. *Strategic Management Journal*, 2010, 31（9）: 946-968.

[210] THORNTON P H. The Rise of The Corporation in A Craft industry: Conflict and Conformity in Institutional Logics[J]. *Academy of Management Journal*, 2002, 45（1）: 81-101.

[211] THORNTON P H. *Markets from Culture: Institutional Logics and Organizational Decisions in Higher Education Publishing*[M]. Stanford: Stanford University Press, 2004.

[212] THORNTON P H, OCASIO W. Institutional Logics and The Historical Contingency of Power in Organizations: Executive Succession in The Higher Education Publishing Industry, 1958-1990[J]. *American Journal of Sociology*, 1999, 105（3）: 801-843.

[213] THORNTON P H, OCASIO W. Institutional logics[C]//GREENWOOD C, et al（Eds.）. The Sage Handbook of Organizational Institutionalism[C]. London: Sage, 2008: 99-129.

[214] THORNTON P H, OCASIO W, LOUNSBURY M. *The Institutional Logics Perspective: A New Approach to Culture, Structure, and Process*[M]. Oxford: Oxford University Press, 2012.

[215] TINGEY-HOLYOAK J. Sustainable Water Storage by Agricultural Businesses: Strategic Responses to Institutional Pressures[J]. *Journal of Business Research*, 2014, 67（12）: 2590-2602.

[216] UMIT S B. An Executive's Guide to Business Transformation[J]. *Business Strategy Series*, 2007, 8（3）: 203-213.

[217] VASUDEVA G, SPENCER J W, TEEGEN H J. Bringing The Institutional Context Back in: A Cross-national Comparison of Alliance Partner Selection

and Knowledge Acquisition[J]. *Organization Science*, 2015, 26（4）：1261.

[218] VECCHIATO R. Disruptive Innovation, Managerial Cognition, and Technology Competition Outcomes[J]. *Technological Forecasting and Social Change*, 2017（116）：116-128.

[219] VIVES X. Innovation and Competitive Pressure[J]. *The Journal of Industrial Economics*, 2008, 56（3）：419-469.

[220] WALKER G, KOGUT B, SHAN, W. Social Capital, Structural Holes and The Formation of An Industry Network[J]. *Organization Science*, 1997, 8（2）：109-125.

[221] WALSH J P. Managerial and Organizational Cognition：Notes from a Trip Down Memory Lane[J]. *Organization Science*, 1995, 6（3）：280-321.

[222] WANG L W, JIN J L, BANISTER D. Resources, State Ownership and Innovation Capability：Evidence from Chinese Automakers[J]. *Creation Innovation Management*, 2020, 28（2）：203-217.

[223] WEICK K E. *Sensemaking in Organizations*[M]. London：Sage Publications, 1995.

[224] WHITE J C, VARADARAJAN P R, DACIN P A. Market Situation Interpretation and Response：The Role of Cognitive Style, Organizational Culture, and Information use[J]. *Journal of Marketing*, 2003, 67（3）：63-79.

[225] WOLDESENBET K. Managing Institutional Complexity in a Transitional Economy：the Legitimacy Work of Senior Managers[J]. *International Journal of Emerging Markets*, 2018, 13（5）：1417-1434.

[226] WOLF M, BECK R, PAHLKE I. Mindfully Resisting the Bandwagon：Reconceptualising IT Innovation Assimilation in Highly Turbulent Environments[J]*Journal of Information Technology*, 2012, 27（3）：213-235.

[227] WRY T, YORK J G. An Identity-based Approach to Social Enterprise[J]. *Academy of Management Review*, 2017, 42（3）：437-460.

[228] XU D, PAN Y, BEAMISH P W. The Effect of Regulative and Normative Distances on MNE Ownership and Expatriate Strategies[J]. *Management*

International Review, 2004, 4（3）：285-307.

[229] YANG J J, ZHANG F, JIANG X, et al. Strategic Flexibility, Green Management, and Firm Competitiveness in An Emerging Economy[J]. *Technological Forecasting and Social Change*, 2015（101）：347-356.

[230] YI Y, HE X M, HERMANN N, et al. Dynamic Capabilities and The Speed of Strategic Change：Evidence from China[J]. *IEEE Transactions on Engineering Management*, 2015, 62（1）：18-28.

[231] YU A, KO S. Meeting Contradictory Innovation Demands：A Conceptual Mode for Symbolic-Substantive Innovation Choice in A Transitional Economy[C]//Annual Conference of The Academy of Innovation and Entrepreneurship. Beijing：Intellectual Property Publishing House Co., Ltd. 2008, 110-114.

[232] ZACHARIAS N A, SIX B, STOCK R M. CEO influences on Firms' Strategic Actions：A Comparison of CEO-, Firm-, and industry Level Effects[J]. *Journal of Business Research*, 2015, 68（11）：2338-2346.

[233] ZAJAC E J, KRAATZ M S, BRESSER R K F. Modeling the dynamics of Strategic Fit：A Normative Approach to Strategic Change[J]. *Strategic Management Journal*, 2000, 21（4）：429-453.

[234] ZHANG C J, TAN J, TAN D. Fit by adaptation or Fit by Founding? A Comparative Study of Existing and New Entrepreneurial Cohorts in China[J]. *Strategic Management Journal*, 2016, 37（5）：911-931.

[235] ZHAO E Y F, LOUNSBURY M. An Institutional Logics Approach to Social Entrepreneurship：Market Logic, Religious Diversity, and Resource Acquisition by Microfinance Organizations[J]. *Journal of Business Venturing*, 2016, 31（6）：643-662.

[236] ZILBER T B. Institutionalization as An Interplay Between Actions, Meanings, and Actors：The Case of A Rape Crisis Center in Israel[J]. *Academy of Management Journal*, 2002, 45（1）：234-254.

[237] ZUCKER L G. Institutional Theories of Organization[J]. *Annual Review of Sociology*, 1987（13）：443-464.

[238] 安同良, 施浩, ALCORTA L. 中国制造业企业R&D行为模式的观测与实证：

基于江苏省制造业企业问卷调查的实证分析 [J]. 经济研究，2006，41（2）：21−30+56.

[239] 程虹，刘三江，罗连发. 中国企业转型升级的基本状况与路径选择：基于570家企业4794名员工入企调查数据的分析 [J]. 管理世界，2016，32（2）：57−70.

[240] 陈明森，陈爱贞，张文刚. 升级预期、决策偏好与产业垂直升级：基于我国制造业上市公司实证分析 [J]. 中国工业经济，2012，29（2）：26−36.

[241] 陈悦. 管理学知识图谱 [M]. 大连：大连理工大学出版社，2008.

[242] 程宣梅，谢洪明，陈侃翔，等. 集体行动视角下的制度逻辑演化机制研究：基于专车服务行业的案例分析 [J]. 管理科学学报，2018，21（2）：16−36.

[243] 陈伟宏，钟熙，宋铁波. TMT 异质性、期望落差与企业冒险变革行为 [J]. 科学学与科学技术管理，2018，39（1）：84−97.

[244] 陈伟宏，钟熙，蓝海林，等. 探索还是防御？ CEO 过度自信与企业战略导向 [J]. 科学学与科学技术管理，2019，40（5）：17−33.

[245] 陈晓萍，徐淑英，樊景立. 组织与管理研究的实证方法 [M]. 北京：北京大学出版社，2012.

[246] 陈志军，张振鹏. 文化企业发展的逻辑 [J]. 东岳论丛，2016，37（2）：71−76.

[247] 邓少军. 高层管理者认知与企业动态能力演化：基于中国企业转型升级背景的实证研究 [D]. 上海：复旦大学，2010.

[248] 邓少军，芮明杰，赵付春. 组织响应制度复杂性：分析框架与研究模型 [J]. 外国经济与管理，2018，40（8）：3−16+29.

[249] 邓少军，焦豪，冯臻. 复杂动态环境下企业战略转型的过程机制研究 [J]. 科研管理，2011，32（1）：60−67.

[250] 邓晓辉，李志刚，殷亚琨，等. 企业组织正当性管理的修辞策略 [J]. 中国工业经济，2018，35（4）：137−155.

[251] 杜运周，尤树洋. 制度逻辑与制度多元性研究前沿探析与未来研究展望 [J]. 外国经济与管理，2013，35（12）：2−10+30.

[252] 范如国，张应青，崔迎迎. 基于企业适应性偏好行为的产业集群转型升级"窗口期"研究 [J]. 商业经济与管理，2016，35（2）：68−79.

[253] 冯天丽，井润田. 制度环境与私营企业家政治联系意愿的实证研究 [J]. 管

理世界，2009，25（8）：81-91+123.

[254] 巩健. 制度复杂性视角的家族企业战略变革研究 [D]. 杭州：浙江大学，2017.

[255] 缑倩雯，蔡宁. 制度复杂性与企业环境战略选择：基于制度逻辑视角的解读 [J]. 经济社会体制比较，2015，30（1）：125-138.

[256] 贺小刚，连燕玲，吕斐斐. 期望差距与企业家的风险决策偏好——基于中国家族上市公司的数据分析 [J]. 管理科学学报，2016，19（8）：1-20.

[257] 金碚. 中国工业的转型升级 [J]. 中国工业经济，2011，28（7）：5-14+25.

[258] 贾晓霞，张瑞. 冗余资源、战略导向对制造业企业战略转型的影响研究 [J]. 中国科技论坛，2013，28（5）：84-90.

[259] 孔淑红. 税收优惠对科技创新促进作用的实证分析：基于省际面板数据的经验分析 [J]. 科技进步与对策，2010，27（24）：32-36.

[260] 孔伟杰. 制造业企业转型升级影响因素研究：基于浙江省制造业企业大样本问卷调查的实证研究 [J]. 管理世界，2012，28（9）：120-131.

[261] 孔伟杰，苏为华. 中国制造业企业创新行为的实证研究：基于浙江省制造业 1454 家企业问卷调查的分析 [J]. 统计研究，2009，26（11）：44-50.

[262] 李东红，王文龙，金占明，等. 多重制度逻辑下企业社会责任对海外运营的支撑效应：以聚龙公司在印尼的实践为例 [J]. 国际经济合作，2016，31（12）：24-28.

[263] 吕迪伟，蓝海林，陈伟宏. 绩效反馈的不一致性与研发强度的关系研究 [J]. 南开管理评论，2018，26（4）：50-61.

[264] 李福柱，刘华清. 我国制造业转型升级的区位因素效应研究 [J]. 经济学家，2018，29（6）：57-64.

[265] 李怀祖. 管理研究方法论 [M]. 西安：西安交通大学出版社，2000.

[266] 李宏贵，谢蕊. 多重制度逻辑下企业技术创新的合法性机制 [J]. 科技管理研究，2017，37（3）：15-21.

[267] 李宏贵，谢蕊，陈忠卫. 多重制度逻辑下企业创新合法化战略行为：基于阿里巴巴案例分析 [J]. 经济与管理研究，2017，38（7）：133-144.

[268] 李捷，余东华，张明志. 信息技术、全要素生产率与制造业转型升级的动力机制：基于"两部门"论的研究 [J]. 中央财经大学学报，2017，36（9）：67-78.

[269] 蓝海林. 中国企业集团成长与重组研究 [M]. 北京：经济科学出版社，2013.

[270] 刘建国. 绩效衰退与企业创新行为：基于中国上市公司的实证分析 [J]. 南开管理评论，2017，20（4）：140-152.

[271] 梁强，徐二明. 从本体认知到战略行为偏向：制度逻辑理论评述与展望 [J]. 经济管理，2018，39（2）：176-191.

[272] 李蕊，周平. 政府行为与自主创新：基于供求视角的分析框架 [J]. 中国科技论坛，2012，27（3）：11-17.

[273] 李晓丹，刘洋. 制度复杂理论研究进展及对中国管理研究的启示 [J]. 管理学报，2015，12（12）：1741-1753.

[274] 李烨，李传昭. 透析西方企业转型模式的变迁及其启示 [J]. 管理现代化，2004，24（3）：42-45.

[275] 刘亚伟，张兆国. 股权制衡、董事长任期与投资挤占研究 [J]. 南开管理评论，2016，19（1）：54-69.

[276] 刘振，崔连广，杨俊，等. 制度逻辑、合法性机制与社会企业成长 [J]. 管理学报，2015，12（4）：565-575.

[277] 林毅夫. 政府与市场的关系 [J]. 中国高校社会科学，2013，37（6）：4-5.

[278] 毛蕴诗，姜岳新，莫伟杰. 制度环境、企业能力与 OEM 企业升级战略：东菱凯琴与佳士科技的比较案例研究 [J]. 管理世界，2009，25（6）：135-145+157.

[279] 毛蕴诗，张伟涛，魏姝羽. 企业转型升级：中国管理研究的前沿领域：基于 SSCI 和 CSSCI（2002—2013 年）的文献研究 [J]. 学术研究，2015，57（1）：72-82.

[280] 毛蕴诗. 促进企业转型升级 推动经济发展方式转变 [J]. 中国产业，2010，22（4）：4-5.

[281] 毛蕴诗，刘富先. 企业能力、升级路径与升级绩效间关系的实证研究 [J]. 创新与创业管理，2016（2）：76-99.

[282] 毛益民. 论监督控权失灵的内在成因与制度根源 [J]. 理论与改革，2014（2）：23-26.

[283] 彭长桂，吕源. 制度如何选择：谷歌与苹果案例的话语分析 [J]. 管理世界，2016，32（2）：149-169.

[284] 邱红，林汉川. 全球价值链、企业能力与转型升级—基于我国珠三角地区

纺织企业的研究 [J]. 经济管理，2014，36（8）：66-77.

[285] 邱皓政. 量化研究与统计分析：SPSS（PASW）数据分析范例解析 [M]. 重庆：
重庆大学出版社，2013.

[286] 芮明杰，任红波，李鑫. 基于惯例变异的战略变革过程研究 [J]. 管理学报，
2005，2（6）：654-659.

[287] 苏杭，郑磊，牟逸飞. 要素禀赋与中国制造业产业升级：基于 WIOD 和中
国工业企业数据库分析 [J]. 管理世界，2017，33（4）：70-79.

[288] 尚航标. 动态环境下战略决策者管理认知对战略反应速度与动态能力的影
响研究 [D]. 广州：华南理工大学，2010.

[289] 史安娜，李兆明，黄永春. 工业企业研发活动与政府研发补贴理念转变：
基于演化博弈视角 [J]. 中国科技论坛，2013，39（5）：12-17.

[290] 孙理军，严良. 全球价值链上中国制造业转型升级绩效的国际比较 [J]. 宏
观经济研究，2016，38（1）：73-85.

[291] 沈坤荣，李震. "十三五"期间我国制造业转型升级的基本思路与对策建
议 [J]. 经济纵横，2015，31（10）：56-61.

[292] 宋铁波，涂佩轩，吴小节. 市场分割情境下的资源能力、行业特征与优势
企业多元化战略 [J]. 软科学，2013，27（5）：26-31.

[293] 宋铁波，蓝海林，曾萍. 区域多元化还是产品多元化：制度环境约束下优
势企业的战略选择 [J]. 广州大学学报：社会科学版，2010，9（3）：45-
52.

[294] 孙晓阳，詹祥. 知识流动视角下市场化程度对区域创新能力的影响及其地
区差异 [J]. 技术经济，2016，35（1）：36-42.

[295] 涂智苹，宋铁波. 制度理论在经济组织管理研究中的应用综述：基于 Web
of Science（1996—2015）的文献计量 [J]. 经济管理，2016，38（10）：
184-199.

[296] 田家欣. 企业网络、企业能力与集群企业升级：理论分析与实证研究 [D].
杭州：浙江大学，2007.

[297] 吴家曦，李华燊. 浙江省中小企业转型升级调查报告 [J]. 管理世界，
2009，25（8）：1-5+9.

[298] 魏龙，王磊. 全球价值链体系下中国制造业转型升级分析 [J]. 数量经济技
术经济研究，2017，34（6）：71-86.

[299] 吴建祖，赵迎．高层管理团队注意力对企业多元化战略选择的影响：基于中国上市公司的实证分析 [J]．经济与管理研究，2012，33（9）：107-113+66.

[300] 武立东，薛坤坤，王凯．制度逻辑、金字塔层级与国有企业决策偏好 [J]．经济与管理研究，2017，38（2）：34-43.

[301] 魏泽龙，谷盟．转型情景下企业合法性与绿色绩效的关系研究 [J]．管理评论，2015，27（4）：76-84.

[302] 武立东，王凯．独立董事制度从"规制"到"认知"的变迁——来自主板上市公司的证据 [J]．管理评论，2014，26（7）：9-19.

[303] 巫景飞，郝亮．产业升级的制度基础：微观视角下的理论分析与实证研究 [J]．经济问题探索，2016，37（10）：57-65.

[304] 吴文锋，吴冲锋，芮萌．中国上市公司高管的政府背景与税收优惠 [J]．管理世界，2009，25（3）：134-142.

[305] 吴航．企业国际化、动态能力与创新绩效关系研究 [D]．杭州：浙江大学，2014.

[306] 吴明隆．SPSS统计应用实务：问卷分析与应用统计 [M]．北京：科学出版社，2003.

[307] 王俊．R＆D补贴对企业R＆D投入及创新产出影响的实证研究 [J]．科学学研究，2010，28（9）：1368-1374.

[308] 汪秀琼，蓝海林．转型期制度环境对企业跨区域市场进入模式的影响机制研究 [M]．北京：经济科学出版社，2012.

[309] 王吉发，冯晋，李汉铃．企业转型的内涵研究 [J]．统计与决策，2006，22（2）：153-157.

[310] 王建秀，林汉川，王玉燕．企业转型升级文献主题分析：基于英文文献的探讨 [J]．经济问题探索，2013（12）：177-183，190.

[311] 王永健，蓝海林．企业能力、管理者认知与地域多元化：中国市场分割条件下的实证研究 [M]．北京：经济科学出版社，2015.

[312] 徐根兴．企业研发的制度性逻辑——以沈阳机床集团i5数控系统研发为例 [J]．上海行政学院学报，2017，18（5）：81-87.

[313] 肖文，林高榜．政府支持、研发管理与技术创新效率——基于中国工业行业的实证分析 [J]．管理世界，2014，30（4）：71-80.

[314] 徐承红，朱俊杰，王艳. 制度逻辑与新创企业技术创新模式：往期绩效和介入时间的调节作用 [J]. 科技进步与对策，2017，34（17）：91-98.

[315] 杨林，俞安平. 企业家认知对企业战略变革前瞻性的影响：知识创造过程的中介效应 [J]. 南开管理评论，2016，19（1）：120-133.

[316] 杨书燕，吴小节，汪秀琼. 制度逻辑研究的文献计量分析 [J]. 管理评论，2017，29（3）：90-109.

[317] 于蔚. 规模扩张和效率损失：政治关联对中国民营企业发展的影响研究 [D]. 杭州：浙江大学，2013.

[318] 余泳泽. 创新要素集聚、政府支持与科技创新效率：基于省域数据的空间面板计量分析 [J]. 经济评论，2011，32（2）：93-101.

[319] 杨京京，蓝海林. 民营企业政治身份、成长价值与区域制度差异的影响研究 [J]. 科学学与科学技术管理，2012，33（9）：122-127.

[320] 余东华，水冰. 信息技术驱动下的价值链嵌入与制造业转型升级研究 [J]. 财贸研究，2017，28（8）：53-62.

[321] 杨桂菊，程兆谦，侯丽敏，等. 代工企业转型升级的多元路径研究 [J]. 管理科学，2017，31（4）：124-138.

[322] 曾萍，宋铁波. 环境变动、企业战略反应与动态能力的形成演化：理论模型与命题 [J]. 华南理工大学学报：社会科学版，2013，16（3）：23-28.

[323] 周枝田. 企业转型升级策略研究：以珠三角台资制鞋业为例 [D]. 广州：暨南大学，2010.

[324] 郑莹，陈传明，张庆垒. 企业政策敏感性研究：制度逻辑和企业所有权的作用 [J]. 经济管理，2015，37（9）：42-50.

[325] 张劲，张志颖，魏旭光，等. 供应链治理模式选择：低控制还是高控制？——基于多元制度逻辑的实证研究 [J]. 预测，2018，37（6）：25-32.

[326] 张晓峰，刘静，沈喆. 儒家义利观视角下的社会企业系统治理研究 [J]. 山东社会科学，2017，31（2）：129-134+192.

[327] 曾萍，邬绮虹，蓝海林. 政府的创新支持政策有效吗？——基于珠三角企业的实证研究 [J]. 科学学与科学技术管理，2014，35（4）：10-20.

[328] 张同斌，高铁梅. 财税政策激励、高新技术产业发展与产业结构调整 [J]. 经济研究，2012，58（5）：58-70.

[329] 张海涛，龙立荣. 领导风格与企业战略协同对创新气氛影响的内在机理研

究 [J]. 科学学与科学技术管理，2015，36（6）：114-125.

[330] 张大鹏，孙新波，钱雨 . 领导风格与组织创新战略导向匹配对企业转型升级的影响 [J]. 技术经济，2017，36（3）：79-88.

[331] 张馨遥，沈涌，张健，等 . 网络用户健康信息服务满意度量表编制及其信度和效度检验 [J]. 情报科学，2018，36（3）：144-150

[332] 朱海静，陈圻，蒋汨波 . 中国家电业 OEM 现状及发展对策 [J]. 商业研究，2006（4）：96-98.